ÉVENOR ET LEUCIPPE.

BRUXELLES,

IMPRIMERIE DE A. LABROUE ET COMPAGNIE,
36, rue de la Fourche.

EVENOR

ET

LEUCIPPE

PAR

GEORGE SAND.

1

Édition autorisée pour la Belgique et l'étranger,
interdite pour la France.

BRUXELLES ET LEIPZIG,
KIESSLING, SCHNÉE ET Cie, ÉDITEURS,
RUE VILLA-HERMOSA, 1.

1856

PRÉFACE.

———

En général, une préface est destinée à faire ressortir, le plus modestement que l'on peut, les qualités du livre que l'on présente au lecteur. Il serait mieux entendu de lui en signaler tous les défauts; dûment averti, il en serait mieux disposé à l'indulgence.

Je vais essayer de cette méthode en disant qu'*Evenor et Leucippe* n'est ni une histoire, ni un roman, ni un poëme proprement dit; que le

livre est peut-être fort prosaïque pour ceux qui
ne voudraient y trouver qu'une fantaisie, et très-
osé pour ceux qui le prendraient trop au sérieux.
C'est comme le discours préliminaire, sous forme
de récit, d'un ouvrage que j'avais entrepris et
auquel je n'ai pas tout à fait renoncé : ouvrage
qui serait, à la fois, le roman et l'histoire de
l'amour à travers tous les âges de l'humanité.
Par amour, je n'entendrais pas seulement l'attrait réciproque des sexes, mais tous les grands
amours ; et, pour commencer, le conte d'*Evenor
et Leucippe* est tout aussi bien le développement
du sentiment maternel que celui du sentiment
conjugal.

Voulant faire les choses en conscience, j'ai dû
remonter à la manifestation du premier amour
intellectuel dont les mythes anciens nous ont
transmis la légende, et, trouvant que celle
d'Adam et Ève avait été surabondamment am-
plifiée et commentée, j'ai choisi des types moins
arbitraires. Les motifs de ce choix, comme ceux
des inductions romanesques auxquelles je me
suis abandonnée avec une complaisance que le
lecteur ne partagera peut-être pas, on les trou-
vera à travers le livre, et c'est encore là un des

défauts que je dois signaler à la critique pour
faciliter son travail, et au lecteur pour l'engager
à la patience.

GEORGE SAND.

Nohant, 25 août 1835.

INTRODUCTION.

LA CRÉATION.

Au sein du puissant univers, la rencontre des nuées cométaires engendra un corps brûlant, qui roula aussitôt dans les abîmes du ciel, obéissant aux lois qu'il y rencontra, lois éternelles, dont les accidents les plus formidables à nos yeux ne sont que les conséquences nécessaires d'un ordre préétabli, infini, éternel dans son ensemble.

La suprême loi de l'univers, c'est la vie. Le dispensateur infatigable de cette vie sans repos et sans limites, c'est Dieu. Donner la vie est un acte d'amour. Dieu est donc le foyer universel de l'amour infini.

Ces dépôts, éléments ou débris de matière cosmique qu'on appelle nébuleuses, comètes, astéroïdes, etc., sont comme la poussière créatrice des mondes. Le nôtre en est une condensation et une combinaison quelconque. Leur approche épouvante les hommes, et pourtant la vie est dans le sein de ces foyers mystérieux répandus dans l'espace.

Ce monde, un des plus petits de ceux qui peuplent l'infini, vécut donc d'une vitalité brûlante, dès l'instant où il prit une marche régulière dans ces champs de l'Éther où sa route venait de lui être imposée. Une masse de substances en fusion s'étreignant et se dévorant sans cesse, tel fut le théâtre du gigantesque incendie qui, durant *des chaînes de siècles véritablement démesurées*, apparut dans les plaines du ciel, comme un imperceptible flambeau, étoile ou comète, pour les habitants des autres mondes.

Révélation ou induction, les mythes des anciens ont une grande profondeur. La vision de l'enfer a eu sa réalité ici-bas. Le règne de Pluton

n'est pas un vain rêve. Relégué au fond des entrailles de la terre, le sombre esprit du feu rugit
encore par la bouche des volcans; mais il a possédé l'empire de notre monde, il a plané à sa
surface, il a fait corps avec lui; il y a versé des
torrents de flammes, il y a promené ses torches
fumantes et soufflé ses gaz méphitiques. Soufre
et bitume, foudres et brasiers, amalgame ou
liquéfaction de métaux, tonnerres effroyables,
essor de nuées ténébreuses chassées au loin par
les flammes dévorantes, effervescence sans frein
du principe chimique, voilà ce qu'attestent les
vestiges de ce premier âge de la terre.

Était-ce donc là la vie? C'était la *vitalité miné-
rale*, la création de la charpente osseuse d'un
monde destiné à appeler la vie dans son sein :
donc c'était déjà la vie.

Un second âge transforme radicalement en
apparence le destin de cette planète; mais il ne
fait réellement que le modifier. Le principe chimique va être refréné fatalement par ses propres
résultats. Ainsi que le combustible se vitrifie
dans la fournaise, la masse incandescente s'est
solidifiée et un peu refroidie à la surface, et les
incommensurables masses de fumée que l'ardeur

du feu refoulait dans les zones supérieures de l'atmosphère, vont s'épancher en pluies diluviennes sur le sol encore brûlant.

C'est le règne de Neptune, c'est la lutte prodigieuse des océans qui se forment, avec les forces plutoniennes qui se débattent et se tordent, en proie à une longue agonie, une agonie de *plusieurs centaines de mille ans.* C'est l'époque de ces volcans sous-marins dont notre sol porte encore des traces si frappantes, l'époque des flots bouillonnants précipités sur le brasier qui siffle en s'éteignant peu à peu. Longtemps encore l'eau est ardente et les bassins des mers ne sont que d'immenses bouilloires. La terre tremble sous des chocs prodigieux, se fend, s'éclate et vomit ses entrailles.

Qu'est-ce donc que cet épouvantable combat de deux éléments en apparence acharnés à la destruction l'un de l'autre? Est-ce la lutte parricide de l'esprit des eaux né de l'esprit du feu, et de l'esprit du feu refusant l'empire de la terre à cette puissance nouvelle échappée de son propre sein?

Non, ce cataclysme, dont l'imagination de l'homme ne peut embrasser l'horreur et la durée (à peine perceptible peut-être dans les archives du ciel), ce n'est ni un chaos ni une destruction, c'est un hyménée, c'est un acte de l'amour divin, et le rugissement qui plane sur cette couche brûlante, c'est l'hymne nuptial de la matière qui émet et reçoit le principe d'un nouvel élément de vie.

Oui, c'est la vie organique qui s'élabore et qui lentement surgit sur la terre nouvelle. Les protubérances volcaniques que les eaux n'ont pu engloutir se dégagent peu à peu à mesure que les cataractes du ciel s'épuisent. Les mers tendent à s'asseoir dans leurs bassins refroidis, les continents futurs apparaissent à la surface des eaux comme des îles dont chaque heure de la création voit agrandir imperceptiblement la surface.

La cendre et la fange, toutes les substances en dissolution, longtemps agitées et promenées dans les flots troublés, se précipitent ou adhèrent. La végétation s'éveille, d'abord muette et mystérieuse au sein des mers, seul réceptacle assez refroidi pour la favoriser, insensiblement épanouie à la surface de la terre.

Au règne des plantes aquatiques, « des lichens, des mousses, des fucoïdes et des autres végétaux des prairies de l'Océan, » succède le règne des fougères « et de toutes les fastueuses arborescences » que brise aujourd'hui la pioche du mineur.

En même temps que la plante, l'animal commence à respirer. Un même principe, principe dès lors nouveau sur la terre, puisqu'il est la combinaison et comme l'enfantement de ceux qui l'ont précédé, appelle le développement des divers modes de la vie. Les premiers êtres « flottent entre la végétation et l'animalité. » Ébauche primitive de la création organique, les zoophytes et les mollusques voient peu à peu surgir autour d'eux les premiers poissons, et au-dessus des poissons, les premiers ovipares « vont vivre à découvert sous le ciel. »

L'embryon est formé, un âge nouveau se prépare ; des types élémentaires s'agitent déjà dans l'humide et dans le sec. Par une progression continue, le règne de Pan s'établit sur la terre, devenue non pas le plus vaste, mais le plus intéressant réceptacle de la vie perfectible ici-bas.

Durant ce troisième âge, les mammifères paraissent, « ils animent par leurs ébats les savanes et les immenses forêts des deux mondes. » Une multitude de types, de mieux en mieux organisés, s'enchaînent dans une échelle de combinaisons progressives, depuis l'animalcule impétueux et vorace qui s'agite dans la goutte d'eau, jusqu'à l'éléphant dont le large et paisible front abrite des instincts merveilleux, peut-être des rudiments de pensée, de mémoire et de prévoyance.

Avant d'assister par l'imagination (elle seule peut éclairer pour nous une pareille scène) à l'éclosion de la vie humaine sur notre planète, tâchons de nous faire une idée de cette opération de la nature qui transforme le principe vital de type en type, comme l'alchimiste transmuait les métaux de creuset en creuset.

Je dis : tâchons de nous en faire une idée ; je ne dis pas : tâchons d'en surprendre le spectacle. Il échappera toujours à l'appréciation de nos sens, car c'est un mystère complétement divin, un de ces mystères dont la vraie religion nous permet de rechercher les causes et les fins, mais dont l'athéisme le plus froidement attentif ne surprendra jamais le fait palpable.

Le croyant ne l'expliquera pas davantage ; mais le croyant aveugle n'y regardera même pas, tandis que le croyant qui veut croire davantage y regardera de tous ses yeux ; car plus il y regardera, plus il se convaincra que si tout miracle n'est qu'un fait naturel, par la même raison, le moindre des faits de la nature est un miracle sublime de l'auteur de la nature.

Prenez une de ces fleurs que l'on appelle papilionacées, et regardez un papillon. N'est-ce pas le même plan qui a présidé à la structure de ces deux êtres ? Regardez vingt ou trente fleurs au hasard, vous trouverez vingt ou trente insectes qui leur ressemblent comme couleur ou comme forme. Certains rapprochements seront même si frappants, l'ophrys-mouche, la mouche-feuille, etc., que vous hésiterez entre l'animal et le végétal.

Les ailes supérieures et les pattes d'une sauterelle sont des feuilles de blé et des brins d'herbe ajustés sur un corps qui, lui-même, ressemble à un épi de graminée. Les observateurs sont souvent frappés de ces analogies, et les naturalistes aiment à se persuader que la nature a revêtu certains êtres d'une livrée semblable à celle des milieux qu'ils habitent pour les aider à se dérober à l'œil perçant de leurs ennemis.

Cette explication est naïve, mais n'y en a-t-il pas une plus profonde qui se présente à la pensée ?

Ces formes et ces couleurs qui se sont imprimées à la substance universelle, pour faire d'abord une plante organisée et ensuite un être mieux organisé encore qui se nourrit dans son sein ou qui voltige dans l'air avec ses parfums, n'est-ce pas une idée produisant une idée plus parfaite, un résultat intellectuel se complétant dans un résultat intellectuel plus complet?

Pourtant ce papillon, qui semble s'être détaché de la branche comme une fleur tout à coup animée et prenant son vol, n'a pas été engendré par cette fleur qui reste à jamais immobile sur sa tige. L'un est bien la conséquence de l'autre, mais il n'en est pas le produit. Ce n'est pas le pollen de la plante qui a donné naissance à cet être découpé comme sa feuille ou nuancé comme sa corolle. La semence du végétal ne s'est pas convertie en œuf d'insecte que le soleil s'est chargé de faire éclore. Cela n'est pas, cela ne se peut pas, cela ne s'est jamais produit.

Il faut donc se garder de croire qu'aucun type soit le moule palpable d'un autre type. Le seul moule, c'est celui où la nature, c'est-à-dire la substance, mise en mouvement par la pensée divine, a jeté successivement toutes ses épreuves, modifiant le moule même après chaque type, mais d'une manière si délicatement progressive, que, d'un type à l'autre, on suit l'enchaînement de l'idée, bien que, du point de départ, un caillou, je suppose, jusqu'au point du dernier résultat, l'homme, il y ait un abîme de siècles et un abîme de dissemblances.

Tel est le divin procédé de la nature. La Genèse nous dit que Dieu opéra autrement, et qu'en six jours il fit l'univers; les jours de la Genèse sont de vastes allégories pour quiconque veut conserver le respect qu'inspire un monument de la foi de nos pères. Mais Dieu, qui ne nous a pas révélé l'âge de l'univers, a du moins écrit lui-même la Genèse de notre planète dans les entrailles de cette même planète; et, à cette lettre morte, celui qui ne se repose jamais, parce que l'amour infini ne connaît point la lassitude, a fait succéder sans lacune la lettre vivante de la création vivante.

Les philosophes du siècle dernier, repoussant à la fois la superstition folle et la foi sérieuse, se sont demandé avec quoi Dieu avait créé le monde, disant qu'avec rien Dieu même ne pouvait pas faire quelque chose. Ils avaient raison : Dieu ne fait pas l'impossible, parce que devant celui qui sait tout, l'impossible n'existe pas.

Dieu n'a pas fait quelque chose avec rien, parce que le *rien* des philosophes railleurs n'existe pas. Quel est donc le coin grand comme l'ongle dans ce vaste univers où il n'y ait *rien* ? Ouvrez le champ de l'infini à la science, ou seulement à la poésie, à la rêverie de l'homme, et elles y chercheront en vain le vide et le néant. Ces trois mots : *vide, néant, rien,* ne sont que des mots destinés dans la langue de l'homme à exprimer les bornes relatives de son savoir et de sa puissance. Quand vous croyez avoir la main vide, elle est encore pleine d'atomes insaisissables dont chacun est un monde. Lorsque, dans le sommeil, votre cerveau est vide de jugement, il est encore rempli de songes et d'images.

Ce n'est donc pas de rien et avec rien, c'est avec *tout,* puisque c'est avec la substance universelle animée par l'amour infini, que Dieu, passant d'un type à l'autre, a créé tous les types s'enchaînant les uns aux autres, sans pour cela émaner les uns des autres par la génération. Chaque espèce créée doit se reproduire *dans son espèce,* dit la Genèse. Si c'est ainsi que l'on veut

entendre ce texte, il est formel, il est absolu, et
c'est ainsi, pour notre part, que nous l'enten-
dons.

On verra tout à l'heure pourquoi nous insis-
tons nous-même de tout notre pouvoir sur ce
procédé du divin artiste; procédé mystérieux, il
est vrai, et dont l'opération est tout à fait inconnue à l'homme, mais qui n'en est pas moins iné-
branlable, comme l'homme peut s'en convaincre
par lui-même.

En effet, l'homme essaye à son tour de créer
des êtres nouveaux en modifiant ceux qui servent
à ses besoins ou à ses plaisirs. L'industrie humaine fait éclore, par la greffe et le croisement,
des variétés de fruits, de fleurs ou d'animaux
que le jardin de l'Éden n'a point offerts aux regards des premiers hommes; mais ces résultats
de l'art sont éphémères. Il faut les entretenir
par les soins de la vie domestique, sinon la nature reprend ses droits, la plante et le bétail
dégénèrent rapidement, la variété artificielle s'ef-
face et le type sauvage reparaît dans toute sa
puissance. Le procédé de l'homme, tout ingénieux et savant qu'il est, n'atteint donc jamais
les sources du grand fleuve de la vie, et s'il en

détourne un instant de légers filets, pour peu qu'il cesse de les contenir dans sa main, il les voit retourner avidement à leur lit naturel. Que l'homme ne se demande donc pas comment de rien Dieu fait quelque chose; qu'il se demande plutôt comment de quelque chose l'homme ne peut rien faire qui ait le cachet ineffaçable de l'œuvre de Dieu.

Disons quelle est l'importante conséquence de ce principe, car, bien que l'apparition de l'homme sur la terre caractérise, après de nouvelles chaînes de siècles incommensurables, un âge nouveau, l'âge que le philosophe [1] dont nous adoptons la division nomme l'âge de *Jupiter*, *père des humains*; bien que l'apparition de ce nouvel être tende à modifier la face des choses d'ici-bas, la gradation a été si peu sensible, que c'est dans le même regard, étendu sur la chaîne entière des êtres, que nous devons apprécier la perfection de ses derniers résultats. Disons donc à quoi nous avons voulu répondre en distinguant l'enchaînement de la *création* de celui de la *génération*.

L'homme n'est-il pas le fils du singe? Voilà ce

[1] Jean Reynaud. Voyez *Ciel et Terre*.

que les esprits un peu initiés aux nouveaux sys-
tèmes de l'histoire naturelle demandent avec une
inquiète ironie aux experts dans cette science. Et
certains de ces experts hésitent à répondre, en-
traînés par le réalisme de leurs observations à
dire oui, mais attristés, effrayés de la conséquence ignoble et révoltante de leur assertion.

Eh bien, ce n'est pas aux naturalistes proprement dits à résoudre la question horrible; c'est
aux savants qui ont étudié la nature en observateurs, en anatomistes, en philosophes, en ar-
tistes, en métaphysiciens et en moralistes. Écoutez
ces grands esprits : ils vous diront que l'homme
est vraiment le fils de Dieu, tandis que toutes les
créatures inférieures ne sont que son ouvrage [1].

---

[1] Un jeune poëte a résumé ces interrogations, que son espoir
domine, par des vers simples et forts :

> Je cherche vainement le sein
> D'où découle notre origine.
> Je vois l'arbre; — mais la racine?
> Mais la souche du genre humain?

> Le singe fut-il notre ancêtre?
> Rude coup frappé sur l'orgueil!
> Soit! mais je trouve cet écueil :
> Homme ou singe, qui le fit naître?

(*Le Banquet*, poëme, par Henri Brissac.)

Voyons quelle serait la genèse des naturalistes réalistes proprement dits. Un couple d'animaux cyniques, malfaisants, hideux, perdu dans quelque forêt éloignée de son domicile accoutumé, aurait été surpris par une de ces grandes évolutions de la nature qui transforment matériellement les êtres, ou seulement dans un milieu déjà existant, mais non encore pratiqué par l'espèce en question. Voyons ce qu'il en advient.

Ces animaux essayent en vain de vivre dans ces conditions anormales; ils s'y reproduisent dans l'accablement ou dans l'excitation d'un état maladif; puis ils meurent, ils disparaissent, laissant à la face du ciel un autre couple d'êtres modifiés qui participent de leur nature et d'une nature nouvelle. Ce couple, soumis à des hasards du même genre que ceux du couple qui l'a produit, peut, au bout de quelques générations, faire apparaître la race humaine. Quels sont ces couples intermédiaires? Nous les supposons ici pour rendre l'hypothèse plus admissible, bien que la science ne les connaisse pas et n'en ait retrouvé aucune trace matérielle. Quels qu'ils soient, pour être logique, le naturaliste réaliste doit voir le premier être qui, par le don de la parole, mérite le nom d'homme, sous l'aspect de l'homme qui rappelle le mieux le type du singe ; par conséquent, l'*Adam* de cette genèse est un de ces effroyables sauvages des mers du Sud qui outrage toute femme qu'il rencontre, après l'avoir à moitié tuée [1].

Détournons nos regards de cette origine. Admettons, puisqu'il le faut, qu'il y a des races, soit dégradées par l'isolement de la vie sauvage, soit placées moins favorablement, dès leurs premiers pas dans la vie, pour acquérir, à moins de longues épreuves, le degré d'intelligence qui caractérise l'homme complet ; mais ne nous laissons pas imposer les premières ébauches de la création humaine pour les ancêtres directs de nos races perfectibles ; repoussons l'idée étroite et fataliste de la création continue par voie de génération continue.

Quant à la chute de l'homme, qui aurait fait descendre fatalement certains membres de sa pos-

---

[1] Un historien très-savant arrive à de pareilles conclusions par une voie tout opposée. A force d'expliquer les mythes anciens, il voit la première postérité d'Adam, les peuples primitifs violant leurs propres filles et mangeant leurs enfants. O Jean-Jacques ! qu'aurais-tu pensé de cette forêt primitive ?

térité à l'état de dégradation où nous voyons aujourd'hui certaines peuplades sauvages, ne prenons point le mythe d'Adam pour un récit à la lettre. De même que *chaque strate de pierre est un feuillet de la Genèse* par rapport à l'ordre et à la durée de la création antérieure à l'homme, de même chaque progrès de l'esprit humain, soit dans la voie du mal, soit dans celle du bien, embrasse probablement des périodes de siècles que ne comporte pas la courte existence d'un seul couple d'individus. Rassurons-nous, d'ailleurs : le fruit de l'arbre de la science n'a pas encore été cueilli, et la pauvre Ève n'a pu qu'en respirer avec ardeur le mystérieux parfum. Si ce fruit merveilleux n'était pas encore à l'arbre du paradis, gardé par le dragon de l'ignorance, si nous avions reçu de notre première mère la connaissance nette et durable du bien et du mal, le mal serait détruit, et le serpent aurait depuis longtemps la tête écrasée. C'est notre ignorance à tant d'égards qui perpétue sur la terre le règne de Satan, car le mal relatif n'est que l'ignorance du bien absolu.

Pourtant, s'il nous fallait choisir, pour comprendre l'existence de l'homme, entre cette Genèse de Moïse, avec sa riante poésie et sa sombre fatalité, et celle que nous venons d'ébaucher, nous préférerions de beaucoup la première. Si elle fait Dieu injuste et cruel, du moins elle le laisse à l'état de Dieu tout-puissant, en relations avec l'œuvre de ses mains, tandis que l'autre hypothèse ne fait de lui qu'une loi active de la matière, livrée à ses propres caprices de reproduction.

Maintenant que nous avons écarté, non par la force de nos raisonnements, mais par la protestation de notre âme, la filiation génératrice de l'animalité, nous pouvons envisager l'homme, sorti à son heure de l'action fécondante de l'amour divin avec la substance universelle. Certes, entre ce nouvel être et ceux qui ont précédé sa venue, il s'est manifesté des types qui sont comme des images inachevées de sa structure générale; mais, par la raison qu'elles sont restées vivantes et à jamais inachevées, ces ébauches n'ont pu engendrer l'image complète et achevée de l'homme. Le singe est resté singe, selon l'ordre de Dieu : *Croissez et multipliez chacun selon votre espèce.*

Quels sont les traits essentiellement distinctifs entre l'homme et les derniers anneaux de la chaîne

de créatures qui l'ont devancé? Les métaphysiciens nous disent : L'homme est l'être qui pense,
c'est-à-dire celui qui se connaît, celui qui peut
dire *moi*. Les philosophes ajoutent : C'est celui
qui cherche, c'est-à-dire celui qui a l'inquiétude
et le besoin du progrès, en attendant qu'il en ait
le désir et la notion. Les naturalistes disent :
C'est celui qui parle, c'est-à-dire celui qui sait
exprimer ses idées et ses volontés.

A nos yeux, ces trois points essentiels en appellent un quatrième. L'homme se connaît par
l'intelligence; il peut ne chercher le progrès que
par un besoin d'intelligence; il peut n'avoir
trouvé la parole que par un effort de l'intelligence. Cette triple faculté de penser, d'agir et de
parler peut partir d'un même foyer, l'amour de
soi, l'intérêt personnel, l'égoïsme. J'oserai donc
ajouter : l'homme est celui qui peut aimer, car
il me faut l'homme complet, tel qu'il a été conçu
par la pensée divine.

D'ailleurs, j'oserai encore dire que la diffé-
rence de la pensée, de l'action et du langage de
l'homme, avec la pensée, l'action et le langage
des animaux ne me paraît pas établir une distinc-
tion assez tranchée entre l'homme et l'animal.

L'animal, dans les espèces qui approchent le plus
de l'organisation humaine, pense, agit et parle
jusqu'à un certain point ; et, dans les espèces les
plus infimes, il y a encore des instincts de prévoyance et des codes d'association qui entraînent
impérieusement la faculté de s'entendre par un
langage quelconque. Le monde des fourmis et
celui des abeilles ne nous ont pas révélé le mystère de leurs manifestations individuelles. Là,
l'industrie et l'activité règnent avec un ordre et
une persistance dont le genre humain n'offre
aucun exemple. *L'instinct* me paraît un mot bien
vague pour expliquer cette uniformité de desti-
nées providentielles des êtres non progressifs.
Entend-on par là une loi fatale, résultat matériel
de l'organisation ? Il n'y a, dans aucune organisation, de résultats purement matériels. Toute
action, tout vouloir vient de l'esprit commandant
à la matière. Je ne puis donc voir entre l'industrie du castor et celle de l'homme qu'une diffé-
rence du plus au moins ; par conséquent, entre le
langage de l'homme et celui du castor que la dif-
férence d'une grande extension d'idées à une extension plus limitée.

Et qui osera nous dire qu'aucune langue humaine

soit aussi belle, aussi étendue, aussi variée que le chant mystérieux du rossignol? Si l'on considère ce chant comme une simple expression de joie et d'amour, où trouver une expression plus complète et plus pénétrante? Si ce n'est qu'une délectation musicale, l'oiseau est un grand artiste; si c'est un langage, l'oiseau est bien éloquent. L'homme l'écoute avec ravissement, et cette mélodie le transporte véritablement dans les rêves de l'Éden.

Si certains animaux nous paraissent muets, c'est que, ou nos perceptions ne sont pas assez fines pour saisir leur voix, ou ils s'entendent au moyen d'une pantomime encore plus insaisissable. Si d'autres nous paraissent répéter à satiété un cri ou un râle monotone, indice d'une volonté ou d'un besoin toujours les mêmes, c'est peut-être que nous ne savons pas l'écouter avec assez de délicatesse ou d'attention pour reconnaître une infinité d'inflexions différentes dans le son de cet instrument monocorde. Tout est mystère dans ce monde où nous ne pouvons pénétrer que par l'observation des faits extérieurs. Aussi les traits d'intelligence extraordinaire de certains animaux nous jettent-ils dans une grande stupeur, et certains naturalistes, habitués à surprendre ces phénomènes, arrivent-ils insensiblement à mettre l'instinct de la brute au-dessus de l'intelligence humaine.

Pour moi, j'avoue que cela me paraît jouer sur les mots. Il n'y a pas de brute dans le monde organique un peu développé. Tout instinct est une part plus ou moins restreinte de l'intelligence émanée du même principe divin. Cette intelligence, admirablement départie à chaque espèce dans la mesure de ses besoins, produit dans la pensée, dans l'activité, dans le langage de chacune, des résultats analogues en ce qui touche aux instincts de conservation et de reproduction de l'espèce et de l'individu. Toutes, jusqu'à un certain point, savent dire *moi*, puisque toutes savent chercher, saisir ou persuader, enfin posséder leur *non-moi*. Toutes savent conserver avec des soins infinis le germe de leur reproduction, soit en lui préparant des demeures d'une solidité et d'une commodité admirables, soit en le déposant dans des retraites et dans des conditions essentiellement favorables à son éclosion [1].

[1] Personne ne croit à l'amour maternel de la femelle du pa-

La véritable supériorité de l'homme n'est donc pas seulement dans son intelligence, car on pourrait combattre les avantages de cette supériorité à un point de vue matériel, il est vrai, mais avec des raisons fort spécieuses. A un point de vue moral, la pureté et la simplicité des grandes âmes peut encore plaindre les faux besoins du luxe orgueilleux de l'homme plutôt que de les admirer. C'est cette pensée qui faisait dire à Jésus cette sublime chose : « Voyez les lis des « champs ! Ils ne travaillent ni ne filent, et pour- « tant, je vous le dis, Salomon, dans sa gloire, « n'a jamais été vêtu comme l'un d'eux ! »

Mais pour que l'excellence de l'homme au faîte de la création soit sensible et indiscutable, il faut le prendre au point de vue complet, il faut regarder dans son cœur autant que dans sa tête et dans tous ses organes ; il faut le vouloir tel que Dieu l'a fait ou l'a destiné à devenir, c'est-à-dire plus aimant, plus parfait dans l'amour que tous les autres êtres du monde qu'il habite.

En ceci, l'homme est vraiment plus que l'ou-

---

pillon, qui doit mourir avant de voir éclore ses pontes. Pourquoi, dans certaines espèces, se dépouille-t-elle le ventre, pour que cette ouate protége ses œufs contre le froid ?

vrage de Dieu, il est le fils de Dieu. L'essence
du principe créateur étant amour, depuis la formation brûlante du roc que nous habitons jusqu'à
notre apparition sur ce globe transformé peu à
peu en paradis terrestre, nous n'y avons été appelés que par l'amour et pour l'amour. La création matérielle s'étant reposée à cette heure-là
sur la terre, un autre mode d'activité devait con-
tinuer l'activité éternelle. Dieu ne pouvait nous
abandonner à nos penchants dans la somme de
liberté dont il nous dotait, sans nous munir d'une
somme équivalente d'idéal divin. Il nous mit donc
l'amour au cœur, non plus seulement la passion
instinctive qui préside à la génération des êtres,
mais un amour d'une nature plus exquise, aspi-
rant à l'infini et par cela même émanant de l'a-
mour divin.

L'homme, né sociable, devait aspirer à la société dès ses premières manifestations dans la
vie : mais les sociétés devaient-elles réaliser l'association d'intérêts positifs d'une ruche ou d'une
fourmilière? Non ; l'homme devait faire entrer
rapidement dans ses premiers besoins d'association
tion l'amour étendu à tous les objets de sa vie,
Dieu, la famille, la patrie, l'humanité.

Ces divers amours n'en font qu'un dans l'âme complète. Ils s'alimentent les uns par les autres, et quand l'âme en laisse périr un seul, tous les autres en sont mortellement atteints. Cet amour complet était donc en germe dans le sein du premier homme, autrement il n'eût pas été homme.

LE PARADIS TERRESTRE.

———

Mais nous faisons-nous une idée bien logique de la création en adoptant la tradition mythique d'un premier homme, et en voyant naître à ses côtés une première femme qui va remplir à elle seule, avec lui seul, la terre de sa postérité? Les traducteurs compétents trouvent, dans la Genèse même, un sens collectif au nom d'Adam. Mais nous n'avons pas à discuter les sources de la croyance générale sur le terrain de la théologie. D'autres l'ont fait avec tant de science, de gran-

deur et d'équité, que nous n'y saurions rien
ajouter, et le sujet est trop vaste pour en rien
extraire.

Contentons-nous de remonter, par la conscience, à la sagesse de l'œuvre divine. L'homme
isolé de l'homme aurait-il pu vivre un jour ici-
bas? Les anachorètes portaient au désert la notion, le souvenir et la pensée incessante de l'humanité. C'était pour fuir ses égarements, pour
pleurer sur ses douleurs, pour prier Dieu de
lui pardonner, qu'ils se retiraient dans la solitude. Mais l'homme, enfermé dès sa naissance
dans une solitude, même dans une solitude enchantée, l'homme ne faisant qu'un avec une
compagne aussi dénuée que lui de la notion de
l'humanité collective, eût-il pu reproduire des
êtres intelligents et sociables? Non, il n'eût pu
donner la vie à des hommes, n'étant pas homme
lui-même.

Les hommes, selon nous, ne sont donc pas entrés par un couple isolé dans la vie, comme des
types dans une collection. Les mêmes conditions
nécessaires d'existence venant à régner pour eux
sur la terre, ou sur une notable portion de la
terre, l'espèce y a été appelée par le vœu créa-

teur en masses plus ou moins imposantes. Une seule graine peut bien envahir un champ, un seul nid peut bien peupler une forêt, mais l'homme n'est ni plante ni bête. Il a une âme plus étendue qui meurt quand un amour, plus étendu que celui qui a pour but unique la reproduction, ne vient pas la féconder.

Les hommes et les femmes ont donc dû éclore par groupes sur les sommets de la terre, aussitôt que le sol, l'air et les fruits se sont harmonisés avec les conditions de la vie humaine. Couronnement de la création, les premiers humains s'y sont trouvés répandus comme les fleurs d'une guirlande qu'une main divine rapproche pour les réunir.

Et cette main divine qui tressa la couronne, c'est l'attraction de l'amour réciproque qui appela à se rassembler en sociétés les groupes épars de la famille humaine.

Quelles furent ces sociétés primitives auxquelles, vu leur exiguïté présumée, on donne le nom de familles ou de tribus? L'homme d'aujourd'hui ignore leurs éléments, leurs formes et leur durée. Il ne les raconte que par des symboles bibliques ou mythologiques, qui tous leur attribuent une origine céleste placée dans le rêve d'un âge d'or.

L'âge d'or, disent les philosophes de notre temps, n'est pas derrière nous, il est en avant de nous. Si, par âge d'or, ils entendent un état complet d'innocence sans civilisation suffisante, je crois qu'il est derrière nous, et que nous n'y retournerons jamais. S'ils entendent un état de vertu éclairée, une notion complète de la vie amenant les hommes au véritable amour, ils ont raison, l'âge d'or est en avant de nous. Nous avons pour mission de développer ces germes qui couvaient, sans secousse violente, dans l'enfance de l'humanité candide, et qui ont germé depuis sans périr, au milieu des orages des passions et des apparentes déviations du progrès moral.

Avouons d'ailleurs qu'il nous en coûterait à tous, du moins à tous ceux d'entre nous qui cultivent l'idéal dans le passé, dans le présent et dans l'avenir, de renoncer à ce beau jardin de la création, à ces mœurs paradisiaques du premier âge de notre race, à cet Éden enfin qui a été le rêve et comme le poëme de notre enfance, depuis la première rédaction des souvenirs de l'humanité jusqu'à nos jours.

Est-il bon de mépriser cette tradition, ce vague souvenir peut-être d'un paradis perdu, que notre imagination se représente sous l'aspect qui plaît à chaque nature d'esprit, et où l'âme s'attache instinctivement jusqu'à se sentir navrée d'un étrange et mystérieux regret? La tradition est un des éléments de notre croyance; elle répond au sentiment, qui est une des puissances de notre être. Admettons donc un âge d'or, rentrons par l'imagination dans la forêt primitive de Jean-Jacques Rousseau, dans l'Atlantide de Platon, dans ce jardin de délices des Orientaux, où l'homme conserva la pureté angélique, les uns disent cinq cents ans, les autres une demi-journée. Les traditions ont pris, chez les Orientaux surtout, des formes allégoriques si nombreuses et si variées dans leur unité de plan, que si l'on veut recomposer le poëme du *Paradis perdu* (Milton a puisé dans toutes ces sources), on n'a que l'embarras du choix.

Voulez-vous que les premiers ancêtres du genre humain s'appellent Evenor et Leucippe? *Écoutez Socrate, un récit très-peu vraisemblable et cependant très-vrai, s'il faut en croire Solon, le plus sage des sept sages :* « L'Atlan-

« tide est une île enchantée, au centre de la-
« quelle est une petite montagne habitée par *un*
« *de ces hommes* qu'on dit sortis du sein de la
« terre. » Neptune entoura de retranchements
la colline d'Evenor, par jalousie sans doute, car
il était épris de la belle Clyto, fille unique de ce
fils de la terre. « L'île fournissait en abondance
« tout ce qui était nécessaire à la vie... Il y avait
« des mines d'orichalque, métal qu'on ne connaît
« plus aujourd'hui que de nom, et qui ne le cède
« pour le prix qu'à l'or. La terre nourrissait une
« foule d'animaux tant domestiques que sauva-
« ges... on y voyait jusqu'à des éléphants. » —
Les descendants d'Evenor, fils de Neptune, par
l'hymen de ce dieu avec Clyto, firent de l'Atlantide un royaume des Mille et une Nuits. « Le
« temple de Neptune, » c'est toujours Platon qui
parle, « revêtu d'une couverture d'or, avait un
« stade de long. Sa hauteur était proportionnée à
« son étendue; mais son architecture était d'un
« goût bizarre. On avait représenté, dans le
« sanctuaire, Neptune debout sur un char attelé
« de six chevaux ailés, d'une telle stature, que la
« figure touchait à la voûte de l'édifice; autour
« du char étaient cent Néréides assises sur des

« dauphins..... Les archontes furent, *pendant*
« *un grand nombre de générations*, justes, puis-
« sants et heureux. A la fin, le luxe amena la
« dépravation des mœurs et le despotisme.....
« Jupiter, indigné, et résolu à punir les crimes
« des Atlantes, convoqua les immortels au centre
« de l'univers, là où il contemple toutes les
« générations, et quand ils furent assemblés.....»

Le reste du texte manque; mais cette colère
de Jupiter, père des humains, ne présage-t-elle
pas l'exil de l'Éden, le paradis perdu? D'après
cette version, que Platon dit avoir été communi-
quée à Solon par un prêtre de Saïs, on ne voit
pas que le premier homme ait perdu l'innocence
céleste; mais le dieu Neptune remplace le serpent tentateur; il séduit, non pas la femme, mais
la fille d'Evenor; il élève ses enfants dans un paradis retranché qu'il peuple ensuite de sa descen-
dance; mais, en même temps qu'il a donné aux
hommes nouveaux de sages lois et beaucoup de
science, il les livre à la corruption des richesses
et appelle ainsi sur leur tête les foudres de Jupiter.

Les talmudistes ont une foule de variations
sur le thème sacré de la Genèse. Les rabbins

disent que le premier homme était si grand, que
sa tête touchait le ciel. C'est un symbole de la
grandeur intellectuelle et de l'essence divine de
la créature. Les anges en furent jaloux, et Dieu
réduisit la taille de l'homme à mille coudées de
haut. Il approchait encore de la nature des anges,
il avait connaissance de Dieu et de ses attributs,
« il n'ignorait même pas le nom incommunicable
« de Dieu, car Adam ayant imposé le nom à
« tous les animaux, Dieu lui demanda : Quel
« est mon nom? Adam répondit : *Jehovah*, celui
« qui est [1]..... »

« ..... Quelques-uns se sont imaginé qu'Ève
« était le fruit défendu auquel Adam ne pouvait
« toucher sans crime... » ; que Caïn était le fils
du serpent...; que les génies ou les esprits sont
nés d'Adam et de sa première ou seconde femme,
nommée Lilith.

« Certains hérétiques, dits ophites ou serpen-
« tins, croyaient que le serpent tentateur était
« Jésus-Christ, et ils nourrissaient un serpent
« sacré [2]. »

---

[1] Dom Calmet.

[2] En somme, le révérend dom Calmet ayant rapporté le cha-
pitre de la Genèse, dit : « Voilà tout ce que Moïse nous apprend

On sait le culte du serpent dans toute l'antiquité, et comme quoi il était le symbole, non du
mal, mais de la science.

Les mythes banians mènent les premiers fils
d'Adam dans des contrées lointaines, et racontent
d'une façon romanesque leurs mariages. Ils
étaient quatre d'humeur différente. Bramon tenait
de la terre, il était d'un esprit sérieux et mélan-
colique. Dieu lui confia le livre des lois divines
et l'envoya vers l'Orient : il y trouva une femme
grave et pieuse comme lui, qui l'agréa pour
époux et fut la mère d'un grand peuple. — Cut-
tery, second fils d'Adam, tenait du feu : il avait
l'esprit martial et guerrier. Dieu lui donna une
épée et l'envoya vers l'Occident. Il y rencontra
l'épouse qui lui était prédestinée, mais elle ne se
rendit point sans combattre, car elle était forte et
armée comme lui.

Le troisième fils d'Adam était Schudderi ; il
tenait de l'eau. Son esprit était doux et liant. Dieu
lui donna des balances et un sac, et le destinant

« de ce premier père ; mais les interprètes n'en sont pas de-
« meurés là. Ils ont formé mille questions sur son sujet. Il est
« vrai qu'il n'y a aucune histoire qui fournisse un plus beau
« champ aux questions sérieuses et intéressantes. »

au commerce, l'envoya vers le Septentrion. En chemin, il ramassa des perles et des diamants, et c'est par là qu'il gagna le cœur de celle qui devait peupler le Nord avec lui.

Le quatrième fils d'Adam, Urise, tenait de l'air. Il avait l'esprit ingénieux, subtil et porté aux arts. Dieu lui donna des instruments de mécanique et l'envoya au Midi. Il y bâtit un palais magnifique au bord de la mer. La femme qu'il cherchait vint admirer cette merveille; mais, pudique ou méfiante, elle se retira aussitôt qu'il descendit pour lui parler. Il la suivit et la persuada par de douces paroles.

Cette genèse indienne doit être charmante dans l'original. On y voit les quatre types du prêtre, du guerrier, du commerçant et de l'artiste nettement dessinés, et j'imagine que les quatre types de femmes sont le symbole des quatre principaux types de nation qui reçurent, de la famille du premier législateur, la civilisation descendue peut-être des sommets bénis de l'Atlantide.

Le champ est donc ouvert à l'imagination, et il ne tient qu'à toi, lecteur, de rêver ton Éden et ton poëme. Cherchons-le ensemble.

Et d'abord, serons-nous préadamites? J'avoue

que, pour mon compte, je me risquerai de bon
cœur dans cette croyance de saint Clément d'A-
lexandrie, un des plus grands, des plus beaux et
des plus charmants esprits qui aient honoré les
lettres et la philosophie.

Tout le monde sait en quoi consiste l'hypothèse des préadamites. Selon eux, *les Adams* des
diverses cosmogonies ne seraient ni le premier ni
le dernier type de la race humaine. Plusieurs
types analogues nous auraient devancés sur la
terre. Plusieurs autres types seraient appelés à
nous succéder. — En d'autres termes, avant que
la terre fût un séjour approprié à l'existence de
l'homme organisé tel que nous le connaissons, ce
théâtre de la vie ayant déjà subi des modifications
successives, la sagesse divine, aidant la vertu naturelle des choses, y aurait fait éclore des êtres
non pas identiques, mais analogues à l'homme de
nos jours : c'est-à-dire des serviteurs intelligents
de la pensée divine, des espèces d'hommes, rois
de la création particulière dont ils étaient envi-
ronnés, agents débonnaires ou terribles du progrès éternel, habitants nécessaires de cette station
sur la route des cieux que nous appelons notre
monde.

La science géologique se croit fondée à donner un démenti formel à cette supposition. Son grand argument n'est pas l'impossibilité où l'homme serait de vivre dans les conditions antérieures à son existence actuelle, puisque avec un léger effort d'induction elle peut supposer des habitants dans les autres astres où les conditions de la vie sont très-différentes, et que, pour admettre des hommes antérieurs à nous, il faut faire un effort d'imagination beaucoup moindre. Supposez, par exemple, une modification nullement monstrueuse, peu apparente peut-être, dans les organes respiratoires, dans le système nerveux, dans la nature des tissus, dans la qualité du sang. Mais la science est positive, ce qui la rend très-bornée, aussi bornée que le témoignage des sens, devant les questions philosophiques. Elle veut, elle doit (il faut lui tenir compte de ses devoirs) retrouver des preuves matérielles, palpables, de tout ce qu'elle avance. La preuve par le fait lui manquerait donc jusqu'ici pour accepter l'hypothèse du préadamisme, la preuve par le vestige. Elle trouve, dans les couches superposées de l'écorce du globe, les ossements fossiles des animaux dont les traces ont disparu. Elle n'y retrouve pas ceux de l'homme, ni d'aucun être qui semble avoir pu occuper sa place et remplir sa mission dans les âges antérieurs à son apparition sur la terre [1].

Serons-nous donc arrêtés par l'absence de la preuve par le squelette, quand la terre entière nous raconte la preuve par l'esprit! quand toutes les traditions nous parlent de nos ancêtres mystérieux et nous transmettent leurs révélations, leurs influences, leurs noms et leurs figures symboliques!

Ne pourrions-nous pas dire que la science géologique est encore dans l'enfance, puisque nous voyons ses plus grands révélateurs avouer leurs incertitudes et n'obtenir de véritables progrès que par la voie de l'induction? Sait-elle dans quelles profondeurs du globe, des révolutions dont elle ignore le détail exact et rigoureux ont pu faire pénétrer la dépouille des races humaines antérieures? Ne découvre-t-elle pas tous les jours des empreintes dont elle n'a pas encore pu reconstruire la cause organique, ou n'en découvrira-t-elle plus?

---

[1] On trouve cependant des crânes fossiles de Peaux Rouges et de nègres éthiopiens.

Et d'ailleurs, a-t-elle saisi, prévu et reconstruit, dans des calculs sans appel, les causes de disso- lution de certaines poussières à des moments donnés de la tourmente atmosphérique, ou de la fusion minéralogique? Quand, du sein des pro- fondeurs inconnues de l'abîme sont sorties, à l'état de pâte, les chaînes de granit et de calcaire qui ont élevé jusqu'aux nuages, jusqu'au séjour des neiges leurs incroyables mélanges d'agrégats et de combinaisons diverses, que n'ont-elles pas broyé, dissous, englouti, anéanti ou transformé, ces opérations chimiques et physiques de la créa- tion successive?

Nous ne posons pas de bornes à la science dans l'avenir. Nous croyons qu'elle viendra, par un admirable accord de preuves, expliquer un jour les prétendues rêveries que nous regardons comme les mythes profonds de l'origine de l'être intelligent. Jusque-là, nous n'avons pas le droit de mépriser les *fables* que les esprits les plus sérieux ont tant méditées, et que l'on ne peut aborder sans vertige, sans terreur ou sans ivresse, à moins que, comme au siècle dernier, on ne prenne le parti d'en rire, ce qui est plus facile que concluant.

Le récit que nous allons offrir au public n'a pas la prétention d'être autre chose qu'une œuvre de notre imagination. Ce n'est pas à nous qu'il aurait bonne grâce à demander autre chose. Cependant l'imagination a sa limite dans un certain cercle d'inductions admissibles, et l'on peut même dire qu'elle ne se sent à l'aise dans le roman que quand elle a pu bâtir d'avance un mur protecteur entre elle et la folie. C'est à cette seule condition que le lecteur, personnage éminemment raisonnable, puisqu'il représente le bon sens général, veut bien consentir à la suivre.

Il est bien entendu qu'en présentant, à travers notre fiction personnelle, un certain ordre de faits, nous ne prétendons pas le faire admettre sous la forme où il nous est apparu ; mais nous rappellerons au lecteur quelques-unes des formes que lui donne l'antiquité.

Une des plus frappantes, parce qu'elle répond, pour ainsi dire, à un besoin de la raison, est la notion traditionnelle de la race *antélunaire*, appelée ainsi parce que, selon ceux qui prenaient la lettre des croyances, elle avait précédé l'apparition de la lune dans les cieux ; parce que, suivant ceux qui s'attachaient à l'esprit, elle avait occupé la terre à l'époque où sa surface n'était qu'une vaste forêt impénétrable au rayon des astres. Cette race, *née du chêne*, mère ou aïeule de celle qui était *née du rocher*, a porté les noms de géants, de fils de dieu ou des dieux, de demi-dieux, de titans, d'anges, de démons, de gnomes, de fées, d'éons, de dews, d'égrégores, de dives, etc. Comme il nous faut prendre un de ces noms pour la désigner, acceptons le dernier comme le moins fantastique de tous, et comme indiquant une origine commune à tous les êtres intelligents émanés du sein de Dieu.

Dans toutes les théogonies, cette race, ou plutôt ces races, car on en supposait plusieurs successivement créées et disparues, ont laissé l'impression d'une puissance terrible, surnaturelle, finissant dans la rage des combats, sous l'implacable main, non des faibles mortels, mais des dieux vengeurs. Selon les poëtes antiques, qui tous furent des théologues, ces races étaient nées de divers éléments. Les unes étaient filles du Feu, les autres de l'Air, etc. Il était de la nature de l'imagination humaine, toujours si logique dans ses aberrations et si pénétrante dans son ignorance, de reconstruire un monde intellectuel organisé, présidant à toutes les phases de la création terrestre ; et si l'on peut supposer que les formes données à ces intelligences furent des rêveries poétiques, il est cependant impossible de nier quoi que ce soit d'un passé où nul n'a pu pénétrer que par les yeux de l'esprit.

Laissons donc à Dieu seul la claire vision du secret des siècles comme de celui de l'éternité. Nous ne serons ni impies, ni insensés, ni adonnés à la magie, en établissant simplement quelques inductions tirées du principe même de la raison dans la foi.

Dieu, présidant à toutes les créations de l'univers infini, ne dut jamais en abandonner aucune aux simples évolutions de la matière. La matière, privée du souffle de la vie spirituelle, n'existe en aucun temps, en aucun lieu. Pierres et ossements sont encore des dépôts de vie organique qui n'attendent que les combinaisons nécessaires (l'hymen divin) pour servir de sanctuaires ou de foyers à l'éclosion d'une vie nouvelle. Là où la vie est inerte, elle n'a pas cessé d'être. Elle sommeille, ou elle attend ; et que la vie repose ou s'arrête, qu'elle s'agite mécaniquement ou qu'elle ait conscience de sa volonté, qu'elle rêve ou qu'elle pense, qu'elle engendre ou qu'elle aime, toujours l'amour divin plane sur elle, la résout, la remanie, la protége et la perpétue.

Mais si l'amour divin préside sans cesse à ces évolutions de la substance, il est difficile de concevoir que, dans une création déjà formée, déjà plantureuse, déjà occupée par la vie organique, le type supérieur, le type qui pense et agit librement, soit longtemps absent. L'apparition tardive de l'homme sur la terre riche, belle et parée d'animaux et de plantes, ne s'expliquerait que par une occupation d'hommes antérieurs ressemblant à l'homme par les traits essentiels du corps et de l'âme, mais appartenant cependant à une organisation dont la force vitale se puiserait dans une autre atmosphère, dans un autre genre d'alimentation, d'habitudes et de besoins. C'est probablement ce que pensait saint Clément d'Alexandrie ; c'est ce que pensèrent beaucoup de savants rabbins. Enfin, c'est une croyance générale qui, raisonnée, devint une opinion chez quelques Orientaux. Quand on leur demandait si Dieu créerait encore des hommes nouveaux avant la fin du monde, ils répondaient : « *Voulez-vous donc*

*que le royaume de Dieu reste vide, et sa puissance
oisive? Dieu est créateur dans toute son éternité. »*

L'erreur des poëtes théogoniques de l'antiquité
fut, dira-t-on, de supposer le règne de la vie humaine contemporain des cataclysmes de la création, durant lesquels aucune vie organique ne
pouvait subsister ici-bas. Ils ne furent pas si insensés, ils placèrent ces êtres dans le chaos des
éléments et en firent des dieux.

Ils n'en firent pourtant pas de purs esprits [1];
ils leur supposèrent une vie organique, corpo-
relle, et par conséquent des passions. Leur imagination se prêta donc à une supposition que la
raison moderne, éclairée par le progrès des
sciences, ne peut pas rejeter : c'est que les diverses combinaisons de la substance des mondes

[1] Le mythe des Hébreux, que nous avons soudé au chris-
tianisme, ne fait pas non plus de ses géants, enfants de Dieu,
des essences éthérées, puisqu'il les unit aux filles des hommes.
Nous ne faisons cette remarque que pour les personnes qui
prennent le mot de *géant* à la lettre dans les livres sacrés. Il
est fort contestable que ce mot ait le sens matériel qu'on lui
a longtemps attribué. L'apparition de ces géants dans la
Bible est postérieure à la création de l'homme ; elle arrive, par
voie de génération, entre l'ange et la femme; elle constitue
une légende tout à fait en dehors de notre sujet.

doivent produire, dans ces mondes qui peuplent le ciel, des combinaisons variées d'organismes et une foule d'êtres appropriés à la foule des milieux qu'elles occupent.

De cette hypothèse à celle des habitants célestes du feu, du vent et des eaux, à la fable des Cyclopes, des Tritons et des fils d'Éole, il n'y a qu'un pas. Seulement l'imagination se charge d'habiller à sa guise la conséquence du principe admis par la raison. Nul astronome ne peut affirmer que l'atmosphère embrasée du soleil soit un empêchement absolu à l'existence d'êtres organisés vivant sur la face du soleil ; seulement ils nous disent que cette organisation ne peut être semblable à la nôtre, et nous n'en doutons pas.

Pourquoi donc notre planète en fusion n'aurait-elle pas eu, comme les autres astres brillants ou transparents de l'Éther, ses hommes, ses animaux, ses anges, ou ses démons, puisque la langue humaine n'a pas d'autres noms à donner aux Uraniens inconnus de la patrie universelle ? Pourquoi la loi du progrès, que nous avons admise relativement à notre monde, nous ferait-elle conclure que s'il y a eu des hommes avant nous, ils devaient nous être inférieurs ? Dans l'ensemble des choses, nos progrès ne sont que relatifs, et il n'est pas prouvé que nos âmes, en changeant d'habitat, ne seront pas momentanément châtiées de leurs égarements par quelques pas en arrière sur l'échelle des êtres.

Je n'admets pas que nous retournions dans le corps des animaux, mais j'admets que nous pouvons, par notre faute, descendre dans la hiérarchie des mondes, et subir notre expiation dans le chaos douloureux de quelque création en travail. La formation ignée de notre globe a pu être un séjour de tumulte et d'angoisses pour d'autres Uraniens déchus et frappés d'une peine temporaire. (Je n'en conçois pas d'éternelle dans les desseins de la Providence.)

Quant à notre destinée ici-bas, il y a longtemps qu'on l'a comparée à un purgatoire, et il est fort possible qu'elle ne soit pas autre chose.

Il est pourtant possible encore, car tout est possible, que l'âge du feu, que nous avons appelé l'âge de Pluton, ait été fort brillant au moral comme au physique, et que ces minéraux qui sont peut-être en partie le résidu calciné des dépouilles et des monuments des générations évanouies, aient été les organes et les effets d'une vie splendide, donnée en récompense à des âmes heureuses. Si le soleil est un monde en fusion, cette terrible idée d'une éternelle combustion nous a-t-elle empêchés d'y élancer nos désirs et nos rêves? Les anciennes théogonies n'en ont-elles pas fait le séjour de légions séraphiques, et Milton n'y a-t-il pas placé un ange fidèle et resplendissant, chargé d'entretenir la fournaise céleste?

Nous n'irons pas si loin dans nos hypothèses; nous arracherons le voile qui couvre la face de ces anges ou démons antérieurs à l'homme sur la terre, hommes eux-mêmes, selon nous, et, fidèle à notre plan, nous ne leur donnerons aucun aspect trop fantastique.

Nous ne ferons donc apparaître ni les Titans à cent bras, ni les hommes au corps d'airain enflammé de l'île de Crète, ni les gorgones d'Hésiode, ni les monstres à plusieurs têtes ou à têtes d'animaux des musulmans, ni même les archanges ailés du mysticisme. Nous nous tiendrons dans de plus humbles données, prenant l'époque où la dernière race ancienne et la race humaine nouvelle purent se donner la main, l'une prenant possession de la terre et de la vie, l'autre abdiquant ces deux royautés pour l'empire céleste.

Nous serons donc préadamite? Oui, et même sans hérésie, parce que nous supposerons qu'Adam n'est pas le premier homme, mais seulement un des premiers hommes. L'isolerons-nous dans le paradis terrestre? Oui, par accident et momentanément, parce que le sentiment de l'âme humaine dans la solitude est une des faces de sa puissance ou de sa faiblesse. Supposerons-nous, avec certains vieux chrétiens, qu'il avait reçu la science infuse sous forme de livres tombés du ciel? Non, car en lui accordant le don complet de la parole, nous faisons déjà beaucoup pour le conserver dans l'état de parfaite innocence.

Et où placerons-nous son Atlantide, son bosquet primitif, son jardin de l'Éden ou des Hespérides? Absolument où vous voudrez; car on a écrit beaucoup de volumes pour promener le berceau de notre race du pôle nord au centre de l'Afrique, de la mer Blanche à la Méditerranée, des rives de la mer Caspienne à celles de l'Irlande, des cimes du Caucase à celles de la Sardaigne, etc.

Or, comme ce n'est ni d'un Esquimau ni d'un

Cafre que nous recherchons la trace dans ce premier âge; comme c'est à un homme blanc, ou
tout au plus doré par un bienfaisant soleil, que
nous voulons nous intéresser, il nous faut admettre que cet homme, semblable à nous, est né
sous une latitude où nous pourrions naître et
nous développer sans souffrance, par conséquent
dans une atmosphère souple, pure et tempérée.
Ce peut être aussi bien en Sardaigne, comme le
veulent quelques-uns, que sur les flancs des
montagnes de l'Himalaya. Ce peut être aussi dans
les prairies éternelles de la Lombardie, ou sur
les croupes de l'Apennin, ou encore sous les
ombrages du Latium. Qu'importe? Comme nous
admettons plusieurs berceaux différents et plusieurs groupes épars, que chacun de nous cherche
dans ces souvenirs d'avant la naissance et dans
ces souvenirs de la vie présente qui semblent
s'enchaîner les uns aux autres par je ne sais quel
incompréhensible mirage. Il nous est arrivé à
tous d'être saisis, à la vue de certaines personnes,
de certaines demeures et de certains paysages,
d'une vague réminiscence impossible à expliquer,
comme si un abîme de ténèbres nous séparait du
moment où nous sommes et de celui où nous

avons déjà été dans des circonstances analogues.
Deux amis, deux époux qui parcourent ensemble
un lieu enchanté, se demandent et se persuadent
aisément qu'ils l'ont déjà vu et déjà parcouru
ensemble, qu'ils se sont déjà aimés en ce lieu,
dans un temps que leur mémoire ne peut pré-
ciser, mais dont elle leur retrace les images fugitives et les délicieuses émotions. Oui, nous avons
tous cru reconnaître, quelque part ou auprès de
quelqu'un, notre paradis terrestre et l'objet de
notre premier amour.

Ce fut donc dans un beau climat, sous un beau
ciel, que le fier et doux enfant se trouva seul, un
matin, au premier sourire de l'aube nouvelle. Il
avait dix ou douze ans, et il n'était pas nu, car
il avait une mère qui garantissait sa peau déli-
cate de la morsure des abeilles ou du déchire-
ment des ronces. Sans doute il arrivait de quelque
pays un peu plus froid que celui où sa course
venait de l'emporter, car il avait le corps protégé par des peaux soyeuses de chevreaux blancs
comme la neige. Quel nom lui donnerons-nous ?
Alorus, Adam, Kaioumaratz, Protogonos ou cent
autres ? Pour ne pas choquer les personnes qui
prennent la Genèse de Moïse au pied de la lettre,

appelons ce bel enfant du doux nom d'Evenor,
qui fut révélé à Platon, puisque aussi bien nous
voici dans une Atlantide quelconque.

FIN DE L'INTRODUCTION.

EVENOR ET LEUCIPPE.

I

L'AGE D'OR.

L'enfant dont notre légende fait le type, non du premier homme né sur la terre, mais du premier qui entra dans une destinée particulière, n'avait pas vu le jour dans le paradis terrestre. Que celui qui nous lit avec sympathie nous aide à chercher la trace de ses premiers pas, trace effacée dans la nuit des temps, comme celle que nos pas, à nous, traçaient peut-être hier sur le sable.

Voici, d'après nos recherches dans le monde physique et moral, l'état de la portion de l'humanité à laquelle appartenait notre Evenor.

C'était une peuplade sauvage, à coup sûr, si on la compare avec une civilisation quelconque des temps plus modernes, mais très-civilisée si la pureté des mœurs et des pensées compte pour quelque chose dans la valeur des êtres humains. Bien que presque toute la science et presque toute la philosophie de notre siècle aient décrété que l'homme a dû commencer par la barbarie, nous osons présumer que non et dire : l'enfance n'est pas la barbarie.

Les premiers hommes ne furent pas muets, à moins qu'on ne les suppose inférieurs aux animaux, dont aucun n'est absolument muet. Ils eurent un langage élémentaire peu compliqué, mais complet dans la limite de leurs besoins d'affection, c'est-à-dire de domesticité et d'association. En outre, ils ne furent pas, même dès le premier jour de leur existence, identiquement semblables les uns aux autres dans l'ordre intellectuel. Nous ne savons pas du tout si les animaux inférieurs sont identiquement doués de la même dose d'*instinct*, dans une même espèce et même dans une simple variété. Nous sommes à même de remarquer qu'entre deux animaux domestiques, deux chevaux, par exemple, ou deux chiens, nés du même couple, élevés de la même façon, l'un est d'un caractère tout différent de

l'autre, celui-ci plus ardent, celui-là plus éduca-
ble; l'un doux et comme réfléchi, l'autre fantasque
et comme tourmenté par le besoin de sa liberté.
Mais si nous voyons ce fait, nous ne savons rien
des autres faits analogues que la nature enveloppe
d'un impénétrable mystère. Nous ne savons pas
si telle araignée file et tisse sa toile avec plus
d'adresse et de dextérité que telle autre araignée
sortie du même nid ; si telle ablette fuit avec plus
de prévoyance et de prestesse qu'une autre la
dent vorace du brochet. Quant à nous, comme
nous ne pouvons nous décider à laisser au hasard
la gouverne d'une chose, si petite qu'elle soit
dans la création, nous voulons admettre que
l'alouette qui cache bien son nid est plus intelligente que celle qui le laisse en vue du vautour,
et que le vautour même qui découvre le nid
échappé à l'œil d'un autre vautour est plus attentif et plus pénétrant que celui-là.

Que cela tienne, dans l'individu, à un développement plus ou moins parfait des organes propres
à l'espèce, peu importe ; les facultés diffèrent
probablement chez tous les êtres appartenant à
un type, de même que les types diffèrent les uns
des autres.

A plus forte raison les hommes durent naître
plus ou moins bien doués d'organes appropriés
aux dons des diverses facultés intellectuelles. Si

on le niait, il faudrait les supposer inférieurs aux animaux. Et si l'on niait ce que nous attribuons aux animaux, il faudrait alors admettre que l'homme, pour leur être supérieur, a dû naître en dehors de la loi d'identité.

L'homme n'a donc pas commencé par le mutisme, ni par l'absence d'individualité. A peine un ou plusieurs de ces êtres nouveaux eurent-ils fait leur apparition sur la terre, que parmi ceux-ci, ou à côté de celui-là, apparut un être semblable à lui dans l'apparence générale, mais plus beau de corps pour lui plaire, ou plus subtil d'esprit pour le conseiller, ou plus aimant pour le persuader. Les hommes ont donc été, dès le principe, éducateurs, et, sous la secrète et invisible inspiration de Dieu, révélateurs les uns aux autres.

On a fait, dans l'antiquité, de naïves recherches pour découvrir la langue primitive commune aux hommes nouveaux, et on s'est imaginé qu'il devait exister quelque part une langue naturelle. Il n'y a pas de langue particulière naturelle aux hommes, puisqu'ils ont reçu de la nature le don de se créer à chacun une convention de langage appropriée à leurs besoins et à leurs idées. Toute langue est donc une convention, et l'organe de la voix et de la prononciation étant susceptible de modifications infinies, on pourrait dire que

la langue naturelle à l'homme, c'est la langue de
l'infini.

Chaque groupe d'hommes qui se trouva isolé
au commencement inventa donc sa langue, sauf
à la changer, à l'étendre ou à la modifier selon
que le groupe se grossissait d'éléments pris en
dehors de lui. Ces groupes devenant des tribus,
des peuplades, des peuples, des nations, chacun
garda le langage de sa convention devenu sa
coutume, avec l'heureuse faculté de pouvoir apprendre toutes les autres langues de l'univers.
L'éducation fit ce progrès de rendre les langues
communicables ; mais déjà, à la création des premiers éléments du langage, l'éducation des hommes
entre eux avait joué un grand rôle, et chacun, in-
ventant une part de cette manifestation, l'avait
fait accepter de ceux qui l'entouraient.

On croit tout expliquer des rapides progrès de
l'homme en disant que barbare, muet, sans individualité, c'est-à-dire stupide au commencement,
il avait en lui la virtualité de tout son progrès
futur. Je n'en doute pas, puisque, de nos jours,
il a encore le germe latent d'un progrès immense
à accomplir ; mais il a des droits et des devoirs,
ou, si l'on veut, tout simplement des besoins na-
turels moraux qui se sont manifestés à lui-même
dès qu'il a commencé à vivre. Le sentiment et
l'intelligence, le cœur et l'esprit sont indivisibles

chez l'homme. La première femme qui a été mère
a trouvé, dans sa sollicitude, l'intelligence de
soigner son premier-né; et si l'on nous dit que
certaines femmes des tribus sauvages pendent le
leur à une branche d'arbre dans une corbeille de
joncs, le matin, pour aller à la chasse, sauf à le
trouver mort de faim ou dévoré, le soir, quand
elles reviennent, croyons alors que ces sauva-
ges-là sont traqués par la misère ou dégradés par
l'isolement au point de ne plus pouvoir vivre dans
ce qu'on appelle l'état de nature.

L'état de nature, nous ne craignons donc pas
de le réhabiliter. Vouloir y retourner serait cri-
minel et insensé. Ce serait transgresser la loi divine qui ne nous y a placés que pour nous apprendre à en sortir peu à peu. Mais refuser de
s'y reporter par la pensée, comme à une situation douce et bienfaisante, comme à un berceau
doux, propre et parfumé d'amour, c'est peut-être
insulter la Providence, c'est tout au moins douter d'elle et méconnaître l'action de Dieu à notre
origine.

A notre origine, nous ne vécûmes donc pas
confondus avec les animaux comme ces boschi-
men dont on ne sait pas du tout l'histoire, et
que l'on a supposés gratuitement appartenir à
l'état de nature. Ces sauvages isolés, ou réunis
en petits groupes, qui mangent des larves d'in-

sectes [1] et qui placent, dit-on, leur tanière
parmi celles des bêtes féroces dont ils ne diffèrent
pas par les mœurs, n'ayant aucune notion de la
divinité et n'étant susceptibles d'aucune culture,
me paraissent d'abord très-mal décrits par les
voyageurs ; car, à cette absence de religion élémentaire, on ajoute qu'ils sont superstitieux et
croient à de bons et à de mauvais génies. Certains paysans de nos contrées civilisées sont dans
le même cas, et, par là même, les plus grossiers
attestent une certaine notion de la divinité, bien
qu'ils ne comprennent nullement l'enseignement
catholique qu'ils reçoivent. D'ailleurs, quand tout
serait vrai dans ces relations assez contradic-
toires, cela ne prouverait rien, sinon que plus
l'homme se trouve isolé du mouvement des autres hommes, plus il perd des facultés et des pri-
viléges de l'humanité.

Quant à la notion du bien et du mal retirée
aux premiers hommes par l'arrêt des inductions
physiologiques et philosophiques, je ne me sens
aucun scrupule à la leur restituer. Le bien et le
mal sont relatifs, je le sais, dans l'ordre social et
historique ; mais cela ne prouve pas qu'ils ne
soient pas absolus dans l'état de nature. Il n'est

[1] Ce ne serait pas, à tout prendre, une preuve de barbarie
bien concluante. Dans nos colonies, des gens très-civilisés
mangent avec délices le ver palmiste.

pas besoin d'un grand développement de l'intelligence et du raisonnement pour que le cœur parle
et nous instruise de ce qui froisse ou déchire le
cœur des autres. Un tout petit enfant, sur les
genoux de sa mère, la voit pleurer. Il ne devine
pas pourquoi elle pleure, mais il voit qu'elle
pleure. Il sait que les larmes sont l'expression
du chagrin ou tout au moins de la souffrance et
de la contrariété. Il s'en rend compte, puisqu'il
se sert des cris et des pleurs comme d'un langage
pour exprimer ses besoins. Il ne sait pas encore
parler, donc il ne sait pas consoler sa mère; mais
il la caresse, et même il pleure avec elle par un
mouvement que vous pouvez appeler, si bon vous
semble, sympathie nerveuse, mais qui n'en est
pas moins reçu et reproduit par sa sensibilité
morale. Encore deux ou trois ans, et cet enfant
comprendra plus ou moins, selon son degré de
développement, que tout acte de désobéissance
de sa part qui afflige sa mère, est mal; que tout
acte contraire, qui la réjouit et la console, est bien.

Longtemps encore, il sera emporté à faire ce
mal relatif par l'irréflexion de l'enfance; mais
tout acte de sa réflexion sera une voix de sa conscience; car la conscience est dans le cœur [1], et,

---

[1] Je n'ai pas besoin, j'imagine, d'expliquer qu'en employant
ici le mot *cœur*, je le prends dans une acception tout intellectuelle, qui équivaut à celle de *sentiment*.

du moment que l'homme a aimé quelqu'un ou quelque chose, il a compris qu'il ne devait pas faire souffrir cette personne ou détruire cette chose. L'amour, qui a été mis au cœur de l'homme en même temps que la vie dans son sein, suffit donc pour établir en lui un raisonnement qui distingue ce qui afflige et ce qui réjouit les autres et lui-même ; par conséquent, ce qui leur est nuisible, il l'appelle mal, ce qui leur est doux, il l'appelle bien.

En vérité, cela me paraît si simple, que je m'imagine entendre la fauvette, dans son nid, gronder celui de ses petits qui prend trop d'ébats et qui tourmente ses frères moins forts que lui ; et la leçon qu'elle lui fait quand, pour essayer son petit bec, il tire les plumes naissantes du dernier-né. Je ne peux pas croire que, dans cette famille, élevée dans une poignée de mousse, il n'y ait pas une certaine loi morale de la fraternité qui s'enseigne et qui s'accepte. Encore une fois, si cette loi existe chez les animaux, comment n'existerait-elle pas chez l'homme? Et si elle est un rêve de ma part quant à l'oiseau qui est dans son nid, comment refuser de l'admettre au moins quant au berceau de l'homme? Il faut bien pourtant qu'on se décide à en faire ou l'égal ou le supérieur des autres êtres de ce monde.

Osons aller plus loin, et disons que, chez le

premier homme, l'amour pour la femme, et, chez
la première mère, l'amour pour l'enfant furent
déjà immenses de prévoyances, de délicatesses,
de dévouement et d'ardeur, en comparaison de
l'amour conjugal et maternel, déjà très-touchant
et très-développé, dont les animaux sont doués
par la Providence.

Ainsi le petit Evenor avait déjà la notion du
bien et du mal, et il m'est impossible de lui supposer des parents qui ne l'eussent pas dans une
certaine mesure.

Il était né au commencement de l'âge d'or, et
par âge d'or, il m'est impossible de ne pas entendre un état de nature digne de l'homme, fils de
Dieu.

Sa famille, si nouvelle qu'elle fût sur la terre,
était déjà formée d'un couple générateur, associé
par la loi naturelle de la monogamie volontaire;
d'une couvée de jeunes frères et sœurs élevés ensemble par une mère tendre, protégés par un père
courageux et prévoyant. Et autour de cette famille, il y en avait plusieurs autres qui vivaient
de la même façon, avec plus ou moins de prévoyance et de tendresse, car les hommes n'étaient
pas identiques et ils se distinguaient déjà les uns
des autres, s'associant plus ou moins par des
sympathies particulières, mais ne connaissant pas
encore le mal à un degré bien prononcé, car l'oc-

casion d'être hostile à ses semblables ne pouvait
résulter d'une vie encore facile et peu compliquée.

Toutefois, cet âge d'or, cette douce innocence
qui ne connaissait pas sa propre valeur, n'était
pas le paradis terrestre. La terre était jeune et
belle, et la race humaine ne s'était pas encore
assez multipliée pour ne pas pouvoir s'abriter et
se nourrir aux lieux où elle avait pris naissance.
Car il ne faut pas oublier, et en ceci je suis encore en désaccord avec les modernes, que si
l'homme, arrivant nu et faible ici-bas, s'y fût
trouvé immédiatement environné de fléaux considérables, de chances de famine, de froid intense
et de bêtes féroces, ce serait un grand hasard
qu'il eût pu survivre à tant de causes de destruction, surtout s'il était imbécile au point de ne pas
connaître le *moi* et le *non-moi*, c'est-à-dire de
ne pas se distinguer du précipice qui engloutit, du
fleuve qui noie et du tigre qui dévore. Pour qu'il
ait pu vivre et couvrir la terre de sa race, il faut
absolument qu'il soit né intelligent et que son
berceau ait été placé dans des contrées douces,
aplanies, protégées contre les rigueurs des saisons
par des circonstances géographiques particulières
et dépourvues de ces animaux qui font la guerre
à l'homme avec chance de succès.

C'est donc sur un de ces grands plateaux in-

clinés doucement et fortifiés de toutes parts par
des falaises de rochers, que je vois la famille et
la tribu d'Evenor, à demi domiciliée, à demi er-
rante, n'ayant pas à redouter les reptiles mon-
strueux et les carnassiers féroces des régions tro-
picales, ne connaissant pas les foudres des volcans
et la fureur des mers, trouvant partout des fleurs
et des fruits que les rigueurs de l'hiver ne venaient
pas détruire en une nuit, et n'ayant besoin
d'autre abri que celui de simples huttes de branches sous un ciel clément.

Mais quelque douces et charmantes que vous
supposiez ces régions hospitalières à l'arrivée de
l'hôte privilégié, je dis que ce n'était pas là le
paradis terrestre.

Le paradis terrestre, c'est un lieu quelconque
dont la beauté, fût-elle contestable, est sentie et
possédée par le sentiment poétique. Il n'est nulle
part, ou il est partout pour les animaux. Leur
ravissement est dans une plénitude de vie qui
ne compare point et n'a que faire d'analyser.
L'homme, plus difficile parce qu'il est plus exquis,
n'est pas entièrement réjoui par des causes purement physiques. Dès qu'il se développe, et c'est
là son premier éveil à la vie divine, il lui faut
plus que du bien-être et du plaisir dans la nature;
il lui faut de l'enthousiasme et de l'amour pour
la nature.

La race humaine n'en était pas encore là. Elle jouissait doucement des bienfaits de la création; mais son horizon borné et la monotonie de ses habitudes ne s'éclairaient pas d'un rayon supérieur. Elle n'était donc pas dans l'Éden, parce qu'elle ne désirait pas d'être mieux qu'elle n'était et ne comparait pas ce qu'elle possédait déjà à ce qu'elle ne possédait pas encore.

Pourtant, il y avait déjà de la*poésie chez ces premiers hommes, car leur imagination, sans être vive, était impressionnable, et leur ignorance, n'expliquant rien, acceptait les choses merveilleuses de la nature par la faculté de la *merveillosité*, organe très-développé chez l'homme de tous les temps, et, pour le dire en passant, une de ses facultés les plus caractéristiques.

Et pourquoi ne dirions-nous pas une des plus belles? La philosophie a raison d'en rejeter l'emploi dans nos temps de lumière. La science a raison de ne se guider que par le flambeau de la synthèse et de l'analyse. Mais l'induction, poussée jusqu'à l'hallucination, est, en attendant que la science se fasse, un des attributs précieux de l'intelligence humaine. C'est encore par là qu'elle se sépare de l'animalité et spiritualise les objets qui étonnent les sens. Ne sachant pas les définir par un examen raisonné, elle les constate et les décrit par leur côté fantastique.

Sans être poëtes, ou du moins sans se douter qu'ils le fussent, les habitants du plateau avaient donc une certaine notion du Dieu-monde, du *cosmos* à la fois esprit et matière. Ils appelaient ce double pouvoir de noms équivalents à ceux de *force* et de *volonté.* Ils ne l'invoquaient point encore, mais ils sentaient sa présence, et au premier malheur qui devait les frapper, ils devaient se demander ce qu'on pourrait faire pour rendre cette force inoffensive ou cette volonté secourable.

Du point du plateau où cette tribu se trouvait formée, la vue s'étendait vers le nord à une grande distance. Ce n'étaient que prairies naturelles, fertiles en arbres fruitiers et en plantes basses comestibles, fécondes en animaux éducables que l'on commençait, non pas à soumettre, on n'en sentait pas le besoin, mais à apprivoiser. Le printemps n'était pas éternel au point que les pluies fraîches et les vives chaleurs ne se fissent sentir à quelques époques de l'année. On savait donc déjà qu'un vêtement est nécessaire, soit contre le froid, soit contre les trop grandes ardeurs du soleil, et l'on se préservait par des tissus de feuilles ou de roseaux, ou par des peaux d'animaux qu'une mort naturelle laissait à la disposition du premier venu. La domestication de certaines espèces n'était donc pas un fait accompli ; mais le plaisir, inné dans l'homme, de se familiariser avec les espèces différentes de la sienne, avait su vaincre la timidité naturelle des animaux intelligents. Les enfants surtout aimaient à se faire connaître et suivre par les brebis, les chèvres, les génisses et les chamelles. Ils avaient goûté leur lait, ils l'avaient trouvé bon, et les vieillards dont les dents n'attaquaient plus facilement les fruits et les racines avaient souvent recours à ce lait des animaux que les enfants leur apportaient dans des sébiles faites d'écorce et de feuilles, prenant tantôt à une femelle, tantôt à l'autre, la race animale étant trop répandue comparativement à l'homme, pour que ce faible larcin fît souffrir les petits.

Le miel aussi fut un des premiers mets qui tentèrent l'enfance, car la mission de l'enfance était principalement dans ces récoltes où la portait naturellement la curiosité du goût et l'ardeur confiante des recherches. Les adultes s'employaient aux travaux de la force, à la fondation des villes et à l'ouverture des passages, création première des chemins que certains animaux eux-mêmes leur eussent enseignée, s'ils ne s'en étaient pas avisés spontanément.

Tandis que les enfants du second âge inventaient les premiers ustensiles, les corbeilles, les tasses faites de coquilles ou de coques de fruits,

les hommes, aidés des femmes, avaient bâti deux
villes, une vers le nord et une vers le midi, où
l'on se transportait à volonté, tantôt peu à peu et
par groupes en se promenant, tantôt en masse,
d'un commun accord et s'aidant mutuellement
avec de grands cris de joie et des chants de fête.
C'étaient des villes bien fragiles, des huttes à jour
pour la chaleur, ou garnies de mousse pour le
froid, mais faites avec plus ou moins d'industrie
et de goût, s'améliorant chaque fois qu'on les
réparait ou qu'on les rebâtissait, car on n'y
cherchait guère la durée. On n'avait rien de
mieux à entreprendre que de faire et refaire les
nids.

Le chagrin était aussi peu intense que les
maladies, et aussi rare que les accidents qui
rendent la mort fréquente. La décrépitude n'avait
pas de réelles infirmités et l'affaiblissement des
facultés n'était pas encore compris. Le respect
en était d'autant plus grand pour ce que l'on supposait être une volonté austère de la vieillesse.

Le tien et le mien n'existaient que par une
convention tacite. La douce habitude et des raisons de sentiment ramenaient chaque soir la
famille dans la cabane que l'on avait bâtie soi-
même et que nul n'était assez malheureux pour
songer à disputer. La justice régnait donc à
l'état négatif, car ce qui ne coûte aucun effort et

aucun combat contre soi-même est bien l'innocence, mais non pas la vertu.

Par la même raison, on ne saurait dire que le
véritable amour eût été révélé aux hommes, bien
que toute-leur vie fût un amour tranquille et
soutenu. La douleur n'ayant encore visité aucune
âme, la sainte flamme de l'amour n'était qu'une
douce lueur, une aube indécise dans le ciel de la
vie. Le grand rôle de la tendresse était dans les
entrailles maternelles et, sous ce rapport, les
hommes, peu distraits du soin de la famille, ne
connaissant ni jalousie, ni doute sur leur paternité, avaient presque autant de sollicitude et de
touchante puérilité que les femmes.

Le besoin instinctif de sortir de l'ignorance
les sollicitait faiblement. Ils vivaient si bien dans
leur immense verger, descendant ou remontant
sans cesse sa douce inclinaison pour chercher
l'ombre ou le soleil, causant, folâtrant ou tra-
vaillant avec une égale ardeur, que la soif du
mieux ne pouvait pas se révéler encore.

Lorsque Evenor naquit, il y avait environ un
siècle que la tribu était fixée dans ces lieux propices. Cette tribu se composait d'un millier d'individus, et voici comment le plus vieux de tous,
tenant l'enfant sur ses genoux, lui expliquait
l'histoire et le destin de la race humaine.

— Tu me demandes, ô mon enfant, ce que sont

devenus mon père et ma mère, que tu ne vois
point et que tu n'as jamais vus. Ils sont devenus
ce que tu deviendras. Quand beaucoup de jours
et de nuits auront passé sur toi, tu t'endormiras
de la même manière que tu t'endors chaque soir,
et tu ne te réveilleras plus. Et, après toi, vivront
et mourront de même les enfants qui seront nés
de toi.

— Eh quoi! dit l'enfant, je deviendrai mort,
comme j'ai vu devenir mort un grand buffle de la
prairie? Il était couché par terre et ne regardait
plus. Les oiseaux venaient se poser sur ses cornes
et il ne les sentait pas. Mon grand-père, je ne veux
pas mourir!

Le vieillard sourit tristement et lui dit :

— Tu as encore longtemps à vivre, mais moi,
je mourrai bientôt, comme j'ai vu mourir mon
père et ma mère, et j'ai eu beau pleurer et crier
après eux, ils ne l'ont pas entendu.

L'enfant se prit à pleurer, disant :

— Je ne veux pas que tu meures, et je ne veux
pas mourir non plus.

Alors le vieillard, le consolant, reprit :

— Mon enfant, la mort est nécessaire, et voilà
ce que je me suis dit après avoir inutilement
pleuré mes parents. Les hommes augmentent toujours et la terre ne serait jamais assez grande
pour les nourrir s'ils restaient tous vivants.

— La terre, dit Evenor, n'est donc pas bien grande ?

— Cela, dit le vieillard, personne ne le sait. Quand j'étais jeune, j'ai été très-loin pour savoir si j'en trouverais la fin, et je ne l'ai pas trouvée. Devant moi elle touchait le ciel et elle était bleue ; et à mesure que je marchais, ce que j'avais vu bleu de loin était vert autour de moi, tandis que plus loin, toujours plus loin, le bleu recommençait toujours. Mais la terre a une fin, qui est l'eau ; l'eau entoure la terre, voilà ce que mes parents m'ont dit.

Evenor demanda si les parents de l'aïeul qui lui parlait avaient vu cette eau qui finissait la terre.

— Je ne sais, répondit l'aïeul. Mes parents parlaient bien peu. Ils ne savaient pas tous les mots que l'on a inventés depuis, et ils ne se souvenaient pas de tout ce qu'ils avaient vu. Ce que leurs parents avaient pu leur dire, ils ne pouvaient pas le raconter. Ils croyaient même n'avoir pas eu de parents, ce qui est une chose difficile à croire. Pour moi, je pense qu'ils les avaient perdus ou quittés si jeunes, qu'ils ne s'en souvenaient pas, et qu'ils étaient venus ensuite tout seuls du bout de la terre, qui est l'eau, jusqu'ici où est, comme l'on croit, le milieu de toute la terre.

« Ce que je sais, poursuivit le vieillard, c'est que je suis né ici, ainsi que mes frères et mes sœurs, et qu'après avoir souvent marché très-loin, nous avons voulu revenir ici où nous nous trouvions bien. Toute la terre est bonne, et il n'y a pas de raison d'y chercher autre chose que ce que nous avons. »

Malgré la sage apathie du vieillard, volontiers partagée par sa nombreuse famille, l'enfant Evenor sentit sa curiosité éveillée et fit beaucoup de questions auxquelles l'aïeul ne put répondre que d'une manière vague. Il voulait surtout savoir ce qu'il y avait après les hautes montagnes qui bornaient l'horizon du côté du midi et qui s'élevaient si nues et si droites, que jamais aucun homme ni aucun animal, à moins qu'il n'eût des ailes, n'avaient pu les franchir. Personne ne le savait. Seulement l'aïeul avait une idée vague des souvenirs, des traditions ou des imaginations confuses de ses parents.

— De ce côté-là, disait-il en montrant les montagnes, on pense qu'il y a du feu et des anges.

— Qu'est-ce que cela, des anges ? demanda Evenor.

— Je ne sais, répondit le vieillard. Je crois me rappeler que ce sont des hommes qui ont eu la terre avant nous, et qui ont gardé le feu et l'eau.

Evenor questionna encore et ne put rien obte-

nir de plus. Nul n'en savait davantage que l'aïeul,
qui savait peu de chose. Et pourtant que ne don-
nerait pas l'homme le plus érudit de nos jours
pour ressaisir les pâles rudiments de souvenir
ou les fugitifs éclairs d'imagination de ce vieillard naïf ? Le peu qu'il pouvait enseigner ou révéler eût mérité d'être fixé dans la mémoire des
hommes avant d'être effacé de la sienne. Peut-être
l'homme et la femme qui lui avaient donné le
jour étaient-ils les premiers-nés d'un groupe
appelé à la vie dans ces bénignes régions. Peut-
être ce couple primitif, qui ne se rappelait pas
avoir eu des ascendants, avait-il surpris dans la
nature quelque scène mystérieuse autour de son
berceau ; mais il ne l'avait sans doute pas com-
prise, ou la science des mots ne lui était pas
venue assez vite pour lui permettre de révéler
clairement sa vision avant de mourir.

De tous les enfants de la tribu, Evenor n'était
ni le plus robuste, ni le plus grand pour son âge.
La force musculaire était encore peu développée
chez l'homme en général. On n'avait pas éprouvé
assez de résistance de la part des êtres et des
choses pour s'exercer aux efforts des athlètes ;
les luttes du cirque appartiennent aux temps de
gloire ou de vanité. La vie était donc plutôt in-
dustrieuse que vigoureuse autour d'Evenor, et
parmi ceux qui étaient ingénieux à obtenir un

résultat sans vaine dépense de temps et de fatigue, il se faisait remarquer comme le plus chercheur et le plus attentif.

Je serais embarrassée de dire quelles idées on se faisait de la beauté dans cette peuplade ; mais comme l'enfance est plus sensible à ce qui charme la vue qu'à ce qui éclaire la raison, il est probable que l'humanité enfant sentit vite l'attrait de la grâce, de la candeur et d'une certaine harmonie dans les formes. Evenor plaisait donc plus que tout autre, et sans qu'on s'en rendît compte peut-être, on subissait une certaine domination de son regard ou une certaine persuasion de son accent.

Sa mère était plus fière de lui qu'il ne convenait peut-être dans une république fraternelle, car elle avait coutume de dire, sans vaine modestie :

— Evenor est le meilleur des enfants des hommes. Il trouve des mots que l'on ne connaissait point et il voit des choses que personne n'avait jamais regardées.

A quoi le père d'Evenor ajoutait :

— Il aime à courir plus loin que les autres, et chaque jour, il rapporte des choses que les autres ne trouvent pas, et auxquelles il donne des noms qui disent ce qu'elles sont. Ce que disent les autres enfants réjouit et passe. Ce que dit Evenor étonne, et on ne l'oublie pas.

On remarquait dès lors les aptitudes des en-

fants avec une sollicitude dont rien ne pourrait,
de nos jours, donner l'idée. Dans les siècles qui sui-
virent, la vieillesse prit une grande autorité et les
pères de famille devinrent des chefs de nations; mais
sous ce règne d'Astrée que nous contemplons, la
vieillesse était plus aimée que consultée. La tendresse, la prévenance et les soins lui étaient pro-
digués, mais le respect et la déférence s'attachaient de préférence au jeune âge. C'était un
instinct et comme une loi de la Providence qui
veillait au rapide développement de la destinée.
« Dans le premier âge des sociétés humaines, il
« est des années qui valent des siècles, ainsi que
« dans l'enfance de l'homme, il est des jours qui
« valent des années [1]. » On sentait donc si bien
le besoin de vivre intellectuellement le plus tôt
possible, que, sans le remarquer ni le témoigner
par de vives inquiétudes, on allait comme irré-
sistiblement au-devant de toute notion nouvelle et
de tout être nouvellement apparu. Les vieillards
usaient vite en eux-mêmes les notions qu'ils ne
savaient pas bien formuler. La langue était si
bornée et les notions si indécises! Mais chaque
naissance amenait dans cette société nouvelle une
nouvelle émotion, un nouvel élément d'avenir,
un nouvel étonnement curieux et naïf, une nou-

---

[1] Ballanche, notes d'*Orphée*.

velle sollicitude puérile et charmante. Quel homme
serait ce nouveau-né? Quels traits de ressemblance
aurait-il avec ses parents, et surtout par quelles
différences précieuses les surpasserait-il? Car loin
de dégénérer, la race embellissait et se fortifiait
à chaque miracle de la parturition, et chaque enfant, profitant des aises et des idées acquises autour de lui, devenait à son tour l'inventeur et le
créateur d'un nouveau bien-être et d'une nouvelle
appréciation de la vie.

Sans doute, il se mêlait à cette tendre impatience d'augmenter le nombre de ses affections et
de ses intérêts de cœur, un peu de la tendance
au merveilleux qui caractérisait l'espèce et qui la
préparait au sentiment religieux. On croyait que
les enfants arrivaient ici-bas les mains pleines de
découvertes et l'âme remplie de mystérieux secrets. On les interrogeait avant qu'ils pussent
répondre, et les premiers mots qu'ils balbutiaient
étaient recueillis comme des oracles. On les écoutait exprimer entre eux leurs volontés et leurs
fantaisies, et comme ces enfants étaient déjà
mieux organisés que leurs devanciers, grâce à une
application plus compliquée et plus active de leurs
organes; comme leurs relations avec la famille,
sans cesse augmentée, devenaient chaque jour
plus saisissantes et plus significatives, leur vocabulaire arrivait à exprimer des développements

d'activité et des nuances d'émotion qui enrichissaient le fonds commun.

Evenor fut, dès ses premières années, un de ceux qui contribuèrent le plus à dilater le sens du langage. Son cerveau procédait par analogies, et ses observations s'enchaînaient les unes aux autres. On rectifia, dans la langue adoptée, beaucoup de dénominations et de définitions élémentaires qui, en passant par sa bouche, étaient devenues plus faciles à retenir, à cause de l'ordre qui les liait entre elles. On s'avisa de l'avantage de ne rien qualifier au hasard de l'émotion, et quelques vieillards se firent doctes en réunissant ces locutions nouvelles et en les répandant avec une sorte de solennité riante et persuasive. Evenor, à douze ans, était donc considéré comme un enfant très-heureux et très-bon. C'était par des expressions de ce genre que l'on commençait à caractériser le génie de l'individu.

Les caresses et les louanges dont il était l'objet modifièrent le naturel d'Evenor. La louange est douce à l'homme et elle devait l'être d'autant plus en ce temps d'innocence, qu'elle était sincère et spontanée. Mais elle est dangereuse comme tous les biens de ce monde, et toute préférence trop marquée de nos semblables tend à faire naître en nous un orgueil susceptible et jaloux, si nous ne sommes pas assez instruits pour juger combien peu nous savons. Evenor ne pouvait établir ces comparaisons qui éclairent l'amour-propre. Roi des cœurs-dans son petit monde, il tomba innocemmênt dans le péché d'orgueil, comme il est dit de ces anges du ciel qui furent précipités pour s'être comparés à Dieu.

Evenor ne se compara pas à Dieu, qu'il ne connaissait pas, mais aux enfants de son âge, compagnons de ses jeux qu'il crut pouvoir dominer. Dans leurs courses folâtres à travers les bois et les steppes, ces enfants le suivaient volontiers, subissant son initiative, et les plus intelligents s'enorgueillissant d'être préférés. Mais dans les nombreux différends qui s'élevaient entre eux pour d'aussi futiles objets que ceux qui animent à la dispute et au pugilat les enfants de nos jours, Evenor voulut trancher les questions en maître, et, ne se voyant pas écouté à son gré dans l'ardeur des luttes, il en prit du chagrin, dédaigna ses compagnons et méconnut ses amis. Ce furent les premiers troubles qui surgirent dans la jeune république de l'âge d'or.

Un jour qu'Evenor avait montré plus de hauteur que de coutume, il fut laissé seul. La troupe rieuse, oubliant le conflit déjà apaisé, s'en retourna sans lui vers les cabanes, comptant que bientôt, lassé de son dépit, il reviendrait de lui-même. Mais Evenor ne revint pas. Sa mère le chercha avec son père jusqu'aux confins du monde, c'est-à-dire jusqu'aux rives de l'île où presqu'île qui était réputée la totalité de la terre, et jusqu'aux inaccessibles montagnes qui bornaient l'horizon du midi. Pendant une demi-année elle l'appela de tous les cris de son cœur et le chercha de toutes les angoisses de son regard. La tribu envoya de tous côtés des groupes aventureux qui explorèrent tous les endroits praticables; mais où la mère n'avait rien trouvé, nul ne pouvait être plus habile. L'enfant fut regretté et pleuré. La mère ne voulut point être consolée. Ce fut la première douleur générale qui fut ressentie, la première douleur particulière qui brisa une âme. On se perdit en conjectures sur la disparition de l'enfant; mais la superstition apaisa la curiosité, lorsque l'aïeul dit, en secouant la tête et sans vouloir ou pouvoir s'expliquer :

— Ceux qui avaient la terre avant nous seraient-ils devenus jaloux de nos enfants?

— Hélas! nous étions trop heureux, dit la mère désolée. Nous ne le savions pas assez, et à présent, nous le savons trop.

II

LA SOLITUDE.

Evenor, en quittant ses compagnons, s'était enfoncé dans les bois épais qui séparaient le plateau de la région des montagnes. Poussé par je ne sais quel attrait de la solitude, il avait marché longtemps sans regarder derrière lui, et la prudence avec laquelle l'homme se hasardait alors dans les sites inexplorés ne l'avait pas averti, comme à l'ordinaire, de s'orienter et de s'assurer de la facilité du retour. Son âme était agitée plus profondément qu'elle ne l'avait jamais été. On avait méconnu son ascendant, on avait résisté à son vouloir. Le sujet était futile, mais le résultat était grand. Evenor s'était cru plus que les autres ; les autres lui avaient montré que leur volonté était une force libre, et ne comprenant rien à leur droit, il souffrait du mal jusque-là inconnu aux hommes, la vanité blessée, peut-être pourrait-on dire l'ambition déçue.

Quand il eut marché longtemps, il sentit l'ennui de son mécontentement, châtiment naturel de toute injustice, et il voulut retourner sur ses pas ; mais il s'égara et marcha longtemps encore. Brisé de fatigue, il résolut de prendre un peu de repos, pensant que cette lassitude troublait son intelligence et que, reposé, il retrouverait la trace de ses pieds dans la forêt.

Il s'endormit au bord d'un ruisseau qui coulait furtif et mystérieux sous d'énormes touffes de datura au parfum délicieux et terrible. Des songes étranges furent suivis d'une langueur mortelle. Evenor, éveillé par la souffrance, voulut se relever et retomba accablé. La nuit avait étendu ses voiles, l'obscurité était effrayante.

Quand il s'éveilla, au retour de l'aube, sa tête était encore si pesante, qu'il ne se rendit compte de rien. Peu à peu, ses yeux perçurent les objets environnants, sans que sa mémoire pût lui expliquer leur présence. C'était des choses inconnues, un pays qui ne ressemblait pas au plateau habité par les hommes, un lieu d'une beauté inénarrable, mais que l'enfant ne comprit pas tout de suite, absorbé qu'il était par l'étonnement de s'y trouver sans pouvoir se rappeler de quelle manière et par quels chemins il y était venu.

Sans doute, il n'y avait là aucun prodige. Il avait marché dans un état d'ivresse en croyant dormir, ou quelque bras secourable l'avait arraché à une mort certaine. Mais que pouvait-il chercher à s'expliquer? Il était seul dans un vaste désert, et il ignorait la funeste influence du parfum de certaines plantes.

Nous voici dans un de ces Édens que la nature a cachés longtemps dans les plis infranchissables des montagnes et dont plusieurs sont, à coup sûr, encore vierges de pas humains, comme si cette nature, fière et jalouse de sa beauté primitive, eût voulu conserver intacts quelques-uns de ses sanctuaires. Il en est d'autres que la race humaine a découverts dans ses migrations primitives et qu'elle a pu occuper, grâce à des issues naturelles d'une formation mystérieuse. Je veux parler de ces défilés ou cols de montagnes qui s'ouvrent dans le flanc de certains massifs, comme par une intention bénigne de la Providence, et que l'on a appelés dans l'antiquité *portes des nations*. Mais certaines de ces oasis alpestres sont restées fermées durant des siècles, et quel-

ques-unes le sont encore par des accidents géologiques que la suite de notre récit fera comprendre.

Celle qui s'étendait sous les yeux d'abord effrayés d'Evenor était le cratère épuisé d'un de
ces volcans terribles que la mer avait engloutis,
puis abandonnés, au sortir des premiers âges du
monde. Les tièdes limons déposés sur les cendres
avaient laissé là les germes d'une intarissable
fécondité. Aussi la végétation était-elle prodigue
de luxe sur cette terre triturée par les éléments
à une grande profondeur, et engraissée du débris
des plantes entassé et comme abrité depuis des
siècles dans une sorte de vasque immense creusée
dans le roc. Protégée par les remparts gigantesques d'un massif granitique environnant, cette
coupe, cette vallée, ce jardin n'avait plus reçu
du climat, qu'il enfermait pour ainsi dire, que des
influences à la fois énergiques et bénignes. Les
eaux, descendant des hauteurs et tombant lim-
pides de roche en roche, s'étaient frayé un libre
cours dans la terre docile et légère. Ce sol d'une
teinte chaude, semé de parcelles brillantes, s'hu-
mectait convenablement et ne formait en aucun
endroit de marécages croupissants. Il avait des
zones variées de combinaisons géologiques et d'ex-
positions, qui lui permettaient de recevoir et de
féconder les germes épars des productions que les
tièdes brises lui apportaient des contrées les plus

diverses. On y voyait donc toutes les plantes et
tous les fruits que l'homme des plateaux connaissait déjà, et une foule d'autres dont il ignorait
encore l'existence et dont la saveur ou la beauté
devaient un jour être recherchées par le luxe des
nations lointaines.

La vallée parut immense aux yeux de l'enfant,
qui n'en avait pas compris d'abord la splendeur,
mais qui se trouva peu à peu rassuré et comme
réjoui intérieurement par l'effet puissant d'un
tel spectacle. C'était un lieu dont les dimensions
semblaient plus vastes qu'elles ne l'étaient réellement, tant les proportions étaient belles et har-
monieuses : car il en est d'un site comme d'un
monument, et la nature tombe quelquefois, comme
un artiste fatigué de produire, dans ces erreurs
qui choquent la pensée avant que les yeux s'en
rendent compte. Quelquefois la plaine aride manque de caractère ; ses mouvements insensibles
n'ont pas toujours l'harmonie qui corrige la nu-
dité de l'étendue. Quelquefois les accidents primitifs du sol manquent de grandeur ou sortent trop
du cadre de la vision. Mais quand les éléments
de la beauté agreste se trouvent rassemblés et
comme résumés avec une sobriété grandiose dans
un lieu circonscrit, cette beauté nous saisit et
nous pénètre comme l'aspect de la beauté physique et morale dans l'être humain.

C'est que la terre est, comme nous, esprit et matière. Ses éléments de beauté sont bien toujours les mêmes ; mais leur combinaison les modifie sans cesse, et de cette modification naît la beauté plus ou moins complète de ses tableaux : or, la beauté est une chose immatérielle, puisque c'est un mirage qui se fait dans l'âme de l'homme.

Décrirons-nous l'Éden ? Qui ne l'a pas décrit ? « Tout peuple a une tradition dont le commen- « cement se rapporte à un lieu symbolique [1]. » De même tout poëte a un type de paradis qu'il revêt des couleurs et des formes de son imagination. Milton a décrit l'Éden, et c'est le plus beau côté de son poëme ; mais il en a fait un lieu mystique, et, pour nous qui voulons faire voir et toucher la réalité d'un idéal accessible, nous n'avons pas besoin d'autre artifice que de celui de nous souvenir.

Un petit lac limpide avait envahi le fond étroit de l'antique cratère. Sur ses rives embaumées croissaient les iris au cœur jaune entouré de trois langues d'un noir velouté, mêlées aux iris blancs, plus purs et plus suaves que les lis. Les glaïeuls roses, les jacinthes bleues, les blancs narcisses, les orchidées splendides, les anémones de toutes couleurs, les résédas, les cyclamens et

---

[1] Ballanche. *Orphée.*

les violettes embaumées, couvraient littéralement
la terre d'un tapis où le pied des biches et des
buffles, qui allaient boire aux eaux du lac, avait
tracé d'étroits et capricieux sentiers. Autour de
ce lac et de ce parterre naturel, rehaussé çà et là
de buissons de myrtes et de lauriers fleuris, le
terrain se relevait doucement comme du fond
d'une coquille irisée, et ce premier exhaussement
formait une bordure irrégulière d'arbustes sveltes
ou touffus. L'arbre de Judée, plante charmante
qui s'acclimate d'elle-même dans toutes les régions tempérées, étalait ses branches d'un rose
doux parmi celles des cytises blancs et jaunes,
des lilas et des sorbiers. De sombres rameaux de
cyprès, de buis et de citronniers s'échappaient
vigoureux de toutes ces fleurs, comme pour en
faire ressortir la fraîcheur et la délicatesse.

Au-dessus de cette région bocagère s'élevait
celle des collines, où ces mêmes productions se
mariaient à des arbres plus considérables, aux
frais tilleuls, aux sveltes peupliers, aux hêtres
élégants pressés sur les bords des ruisseaux, ou
aux sombres chênes verts, aux pâles oliviers, aux
orangers brillants et aux pins majestueux jetés
sur les pentes moins arrosées.

Cette haute végétation prenait encore plus de
développement au sommet des collines et se
dessinait coupée de larges ombres, ou éclairée de

brillants reflets du soleil matinal, sur le fond plus
éloigné et plus vaporeux des montagnes. Entre
ces deux régions, la forme circulaire du vallon
inférieur était conservée en grand, mais brisée
de mille accidents pittoresques. C'était là que
l'enfant se trouvait, marchant sur un vaste gra-
din d'une ornementation naturelle plus sévère
que celle du bassin. Là, les eaux étaient plus
bruyantes, les arbres plus austères, les plantes
plus vagabondes; mais partout, sur les rochers
écroulés comme sur le tronc penché des vieux
chênes, sur les parois de la montagne à vif
comme sur les monticules formés à sa base, le
lierre, le jasmin, la vigne sauvage, la clématite
et les mille petites lianes rampantes des latitudes
moyennes se suspendaient en festons d'une grâce
inouïe, ou flottaient en vastes rideaux d'une fraîcheur incomparable. La vie était là plus désor-
donnée, mais plus puissante encore que dans le
reste du paysage. Des bruyères arborescentes
étendaient leurs branches couvertes de ces mi-
gnonnes petites coupes d'un blanc si doux, qu'on
peut prendre les pâles rameaux qu'elles inondent
pour des flocons de brume endormis sur la croupe
des bois sombres.

Enfin, au-dessus de cette région de crevasses
humides et plantureuses, de torrents rapides et
de débris gigantesques revêtus de verdure, se

dressaient les inextricables flancs des montagnes
abruptes, et les escarpements prodigieux de leurs
inaccessibles sommets. Quelques-unes présen-
taient l'aspect d'un dôme couronné de verdure,
bosquets entretenus sur une terre légère et sans
profondeur par la fréquente humidité des nuages ;
mais la plupart, dentelées de roches aiguës et
menaçantes, formaient comme une couronne sublime, au centre de laquelle le petit lac avec ses
collines fleuries brillait comme un saphir entouré de perles.

A ce spectacle, lentement interrogé et savouré,
l'enfant, transporté d'une joie mystérieuse et
profonde, ne sentit plus ni douleur, ni inquiétude, ni fièvre, ni fatigue. Il n'eût pas su décrire
ce qu'il voyait, ni rendre compte des harmonies
qui caressaient tous ses sens ; mais il les sentait
si bien, qu'il en subit le vertige, et, oubliant
tout du passé, oubliant même tout de la veille,
sachant bien qu'il allait à la découverte, mais ne
se souciant pas d'autre chose, il s'enfonça ardemment dans le paradis terrestre, à la recherche de
cet inconnu qui est l'extase de l'enfance, l'enivre-
ment de la puberté, la douleur de l'âge mûr et
l'espoir de la vieillesse.

Il marcha jusqu'au lac, sans autre impression
que celle qu'il recevait des choses immédiatement
environnantes, ne regardant plus l'éclat du ciel

et l'opale prestigieuse des hautes montagnes. Il
était comme noyé dans le charme de leurs doux
reflets sur la verdure que foulaient à peine ses
pieds allégés. Les épais feuillages que fendait sa
course le caressaient de rosée, et il brisait les
jeunes rameaux qui se trouvaient à la portée de
ses mains, cédant à cet instinct de l'enfance qui
veut toucher, voir et prendre en même temps,
comme pour s'identifier davantage, par la possession d'un instant, avec les objets extérieurs qui
l'entraînent.

De temps en temps, il s'arrêtait cependant pour
regarder fuir le lièvre surpris de son approche,
ou voler, lourde et cependant rapide, la gelinotte
ou la perdrix tapie sous les bruyères. Agile et
souple, l'enfant de la nature connaissait peu
d'obstacles à son vagabondage emporté. Il semblait
voltiger plutôt que courir sur les hautes herbes et
dans l'or des genêts embaumés. Les petits cou-
rants d'eau, frissonnant comme une gaze argentée
sur les cailloux, jaillissaient en pluie fine et bril-
lante sous ses pas, et, en le mouillant, augmentaient son ardeur et sa joie. Il riait, le beau garçon, et son rire était comme une musique dans ce
concert de ruisseaux diligents, de feuillages doucement émus et d'alouettes montant vers le ciel.

Arrivé au bord du lac, il se reposa enfin, et
quand il fut resté là étendu tout le reste de la

matinée, il se sentit complétement ranimé. Il remonta alors vers la région des amandiers, où il se rassasia de ces fruits à peine formés, dont, aujourd'hui encore, les pâtres des contrées méridionales mangent la coque tendre et savoureuse.

Tant que le soleil brilla sur l'horizon, l'enfant se trouva sans appréhension, et même sans beaucoup de réflexion, dans ce désert ; mais quand le ciel pâlit, quand les oiseaux s'appelèrent avec agitation pour se coucher par troupes dans les bosquets ; quand la haute montagne, encore rougie par le soleil couchant, projeta sa grande ombre sur le fond de la vallée, Evenor, comme enivré jusque-là, s'alarma de ne pas entendre le son de la voix humaine, à cette heure où la tribu se rassemblait, où les mères cherchaient leurs enfants, et où, couchés au seuil des cabanes, les hommes devisaient naïvement en regardant les étoiles s'allumer à la voûte des cieux.

L'inquiétude était une souffrance encore peu connue, parce qu'elle était rarement motivée chez les hommes primitifs ; mais au malaise intérieur qu'il éprouvait, l'enfant pressentit ce qui devait se passer dans l'esprit de ses parents, et il trouva un mot pour se l'exprimer à lui-même :

—Ma mère, pensa-t-il, doit s'être ennuyée hier, et s'ennuyer encore plus aujourd'hui de ne pas me voir.

Les feux du soleil s'éteignaient déjà. Il n'y avait
point à espérer de retrouver la route du plateau
avant le lendemain. L'enfant eut peur; il n'eût su
dire de quoi, car la nuit était bleue et transparente
sur la colline. Les rossignols chantèrent avec
ivresse le lever de la lune, et les torrents firent
une basse harmonieuse à cette mélodie inspirée.

La fièvre s'alluma dans le sang d'Evenor; il
dormit d'un sommeil agité, en proie à une langueur inquiète, à des étouffements subits, à des
songes sans suite ni sens. Au milieu de la nuit,
il lui sembla qu'une main puissante pressait son
front et qu'un genou terrible écrasait sa poitrine.
Il s'éveilla et regarda autour de lui. Il était seul,
tout était calme. Il ne savait ce que c'était que la
maladie; il ne supposa donc pas que ces sensations pussent émaner de lui-même; il se crut
tourmenté par ces forces et ces volontés mystérieuses de la nature extérieure dont il avait entendu vaguement parler.

— J'ai pénétré, se dit-il, dans le monde de
ceux qui avaient la terre avant nous. La terre
est en colère, et les montagnes voudraient m'é-
craser.

Mais une profonde indifférence s'empara de
lui, et, se rendormant, il crut se sentir repoussé
violemment par le sol, sur lequel aussitôt il lui
sembla retomber durement, en même temps qu'un

bruit formidable bouleversait tout son être. Les échos de la montagne répétaient encore ce bruit, que l'enfant accablé était déjà retombé dans le sommeil de la fièvre.

Enfin, le jour reparut, et la bienfaisante rosée rendit un peu de fraîcheur aux membres brûlants et affaissés d'Evenor. Il se leva, rassembla ses idées, but à longs traits l'eau d'une source voisine, et, résolu de fuir ce lieu redoutable dont la beauté l'oppressait, il chercha la porte du paradis, c'est-à-dire une brèche, une brisure, une fente quelconque à ces géants de pierre, qui enfermaient lac, collines et vallée dans leur implacable enceinte.

Cette porte avait existé, puisqu'elle avait pu être franchie par lui; mais elle était à jamais fermée. Une secousse de tremblement de terre, accident assez fréquent et souvent inoffensif dans cette région volcanique, avait eu lieu dans la nuit, sous un ciel serein, et sans interrompre au delà de quelques instants le chant du rossignol. Une brusque oscillation avait couru comme un frisson sur le sein fleuri de l'Éden sans y déraciner un brin d'herbe; mais, dans la région des hautes montagnes, un défaut d'équilibre avait détaché une masse énorme qui était venue tomber précisément à l'entrée du défilé, entraînant avec elle un torrent arraché de son lit et mugissant avec fureur sur cette ruine gigantesque.

L'enfant fut frappé de cet accident, qui portait la trace d'un désordre récent; la fraîcheur des fractures du roc ne pouvait lui laisser aucun doute. Mais n'y avait-il pas d'autre issue? Evenor en chercha une durant plusieurs jours, car la vallée, par les irrégularités de son contour, ne pouvait être explorée sans peine. Vingt fois, trouvant des aspérités abordables, il espéra pouvoir escalader les murailles de sa prison. Du haut d'un des escarpements qu'il put atteindre, il vit la mer, masse d'azur qu'il prit pour une muraille solide, et dont la grandeur le jeta dans l'épouvante. Dans cette ardente recherche pour se délivrer, toujours en proie à la fièvre, toujours altéré, toujours soutenu par une activité dévorante, comme l'oiseau qui s'épuise jusqu'à la mort contre les barreaux de la cage, il usa les forces de sa volonté et les ressorts de son intelligence. Puis à la fin, vaincu, inerte, indifférent, il se coucha sous un arbre et ne songea même plus à cueillir ses fruits pour assouvir la soif qui le dévorait. Il ne se rendit jamais compte du nombre d'heures ou de jours qu'il demeura ainsi sans espoir, comme sans regret et sans désir. Quand, pressé par la faim, faible, mais guéri, et invité par le soleil à rentrer dans l'activité animale, il se mit à marcher le long du lac, il souriait et pleurait sans cause, il murmurait des paroles qui n'avaient plus de sens, il ne se détournait de l'eau que par un instinct de conservation pour ainsi dire mécanique ; il avait perdu la mémoire, il n'avait plus cette notion de l'avenir et du passé qui fait comprendre le présent. Il n'était ni déchu ni avili ; mais il avait rétrogradé moralement de dix années.

Dans cette situation où l'avaient plongé des étonnements, des terreurs et des souffrances physiques et morales au-dessus des forces de l'enfance, il n'était pourtant pas dégradé. L'innocence avait épaissi ses voiles sur son âme sans tache. Il n'avait pas cessé d'être homme, puisqu'il n'avait pas enfreint volontairement les lois d'association de l'humanité. Il était simplement ce que durent devenir les transfuges de la société primitive, lorsque, suivant peut-être les chaînes de montagnes qui sont aujourd'hui les îles de la Sonde, ils s'égarèrent sur les continents déserts de l'Australie, où la rupture et l'immersion des continents intermédiaires les séparèrent, pour des milliers d'années, des hommes de leur race [1].

---

[1] Ceci n'est qu'une hypothèse entre mille. Au fond, si l'homme noir à cerveau déprimé est une variété du type asiatique, un frère de nos races blanches, dans la paternité en Dieu, je ne peux guère admettre qu'il soit leur frère par le sang. C'est toujours la même question de succession dans la nais-

L'enfant des hommes, réduit à la fonction de vivre, put vivre au désert, grâce à la douceur du climat et à la fertilité du sol où le hasard l'avait jeté. L'absence d'animaux malfaisants fut aussi une condition essentielle, et l'on peut y joindre encore celle d'une première éducation robuste et agreste dans une société née de la veille.

Le ciel et la terre devaient donc le voir grandir en beauté et en force, et son regard sauvage resta doux et fier comme la nature qu'il reflétait. Il se fit même en lui une nature organique supérieure, à certains égards, à celle qu'une vie d'assistance et de relations lui eût permis d'acquérir. Sa vue devint plus perçante, son ouïe plus fine, ses membres plus agiles, son sommeil plus léger, sa respiration plus longue et son estomac moins exigeant. N'étant plus excité par l'exemple attrayant de la vie en commun, il ne connut plus les plaisirs de l'appétit, les saveurs du goût, les jouissances variées du repos et de l'animation; la gaieté, la réflexion, la curiosité, s'éteignirent pour faire place à une gravité muette ou à une activité fougueuse. S'il sentait ses jambes le solliciter au mouvement, il bondissait dans les prairies comme le lièvre, qu'il pouvait dès lors atteindre à la

sance des êtres, par voie de création divine, et non par voie de génération animale.

course ; mais il ne poursuivait pas le lièvre, il ne
se souciait d'apprivoiser aucun être ou de posséder
aucune chose. Quand son corps, assoupli par
l'exercice, réclamait le repos, il se livrait à un
repos absolu, sans compter les heures, sans observer la marche du soleil et sans connaître les
terreurs de la nuit, ni le ravissement de l'éclat
du jour. Il s'était identifié avec la nature extérieure autant qu'il est donné à l'homme de le
faire, partageant ses recueillements et ses ivres-
ses, mais ne faisant pas intervenir sa conscience
dans l'appréciation de ses charmes brillants ou
austères.

Qu'on ne s'imagine pourtant pas un abrutisse-
ment quelconque. Il conservait la sensibilité physique qui avertit l'homme, plus que les animaux,
des causes de souffrance et de danger à éviter ;
il jouissait de la plénitude de la vie plus qu'aucun
animal n'eût pu le faire. Son imagination, loin
d'être morte, peuplait la solitude de ses jours et
de ses nuits d'une suite de rêves qui l'occupaient,
sans qu'il songeât à en chercher le sens ni le
lien. Il faisait plutôt des efforts pour s'y replonger
quand il sentait son cerveau vide. Seulement,
nulle lumière ne jaillissait pour lui de cette
divagation tranquille, et s'il était heureux ainsi,
il ne pouvait pas se dire à lui-même qu'il était
heureux.

Que manquait-il donc à ce paisible infortuné? Un cœur pour ranimer le sien, un esprit pour réveiller sa mémoire, une âme humaine pour lui rendre la notion de la vie humaine. Il n'était pas aimé et il n'aimait pas. Il ne pouvait pas s'élever à l'état d'ange ni descendre à celui de bête, et c'est alors que le Dieu de Moïse eût pu dire, en le voyant fleurir stérile dans le jardin du désert: « Il n'est pas bon que l'homme soit seul. »

III

LEUCIPPE.

 Jusqu'ici, nous avons suivi pas à pas l'existence
d'un être primitif dans la limite du possible, et
en y cherchant avec soin le probable. Si nous
avons vu des yeux de l'optimisme le bonheur
relatif dont purent jouir les premières associa-
tions humaines, nous n'avons préjugé, ce nous
semble, aucun développement trop fantastique de
l'état intellectuel et religieux où ces sociétés
avaient pu atteindre. Nous avons attribué toute
la moralité, toute la pureté et toute la douce
félicité dont il leur fut donné de jouir, au senti-

ment de l'amour restreint au lien de famille.
Nous avons dit et nous sommes persuadée que
l'amour fut donné à l'homme comme essence de
sa vie, et que toutes les fonctions de la volonté,
de l'intelligence et du raisonnement eurent en lui,
pour base, le premier mobile de l'affection, si
puissant déjà chez les animaux, si magnifique
dans l'humanité normale.

Nous avons cru ce mobile tellement essentiel,
qu'en suivant l'enfant des hommes dans la solitude, il nous est apparu aussitôt épouvanté,
désespéré, malade, et, en peu de jours, descendu
de tous les échelons que la vie de famille lui
avait fait déjà franchir; enfin, ramené au point
de départ de la vie humaine, état de virtualité
pure, que l'on pourrait comparer, non à celle des
animaux, qui ont en eux tout leur développement
possible accompli, mais à celle de l'enfant au
berceau, qui vit encore dans le chaos des facultés
latentes. Je dis le chaos et non le néant. Evenor
pouvait être dégagé de l'état de rêve flottant, et
initié de nouveau à la vie de relation et de sentiment réfléchi.

Ce n'est pas précisément le hasard qui avait
conduit Evenor vers la solitude. Une sorte de fatalité, résultat de son orgueil naissant, l'avait poussé
à s'isoler quelques instants. Si la destinée ne l'eût
alors saisi et entraîné comme par surprise, il est

à croire que, de plus en plus porté à la rêverie mé-
lancolique, il se fût créé lui-même un monde intérieur particulier, peut-être meilleur, peut-être pire
que celui du reste des hommes ; mais toutes les
légendes veulent que la première faute ait entraîné
le premier châtiment, et la raison le veut aussi.
Nous ne brisons rien de bien en nous-mêmes,
sans que quelque chose de nécessaire à notre vie
ne se brise en même temps autour de nous, et
les symboles dont l'imagination revêt l'accom-
plissement de cette loi naturelle ont toujours un
fond de réalité frappante. C'est toujours la désobéissance, c'est-à-dire l'oubli d'une loi du cœur.

Légère pourtant dans la forme dut être cette
première faute ; et paternel, c'est-à-dire utile,
dut être le châtiment.

Evenor avait donc expié son trop grand amour
pour lui-même en se trouvant tout à coup condamné
à n'avoir plus de société que lui-même, et dès lors,
n'aimant plus rien autour de lui, sa propre individualité lui était devenue indifférente et comme
inconnue. L'Éden (l'Atlantide, si l'on veut) lui
était devenu comme cet endroit mystérieux (les
limbes) où l'on dit que les âmes sans baptême
errent dans les ténèbres de l'attente, et il ne
pouvait rentrer moralement dans ce doux sanctuaire, où son corps se développait à l'insu de son
esprit, que par un acte d'amour et de soumission.

Deux ans s'étaient écoulés depuis qu'il possédait le sublime et terrible Éden, ou plutôt depuis qu'il était possédé et terrassé par la solennité du désert. De tous les instincts qui survivent à la perte de la mémoire, celui de la liberté est le plus tenace, le plus invincible. Evenor s'agitait donc sans but défini, mais sans relâche, pour sortir de sa prison. Il s'essayait sans cesse, non à gravir les escarpements à pic du rocher : pas plus que les animaux, il ne se sentait poussé à faire l'impossible, mais à chercher, dans les masses en désordre, un escalier naturel vers les brèches du cirque volcanique. Ses forces avaient doublé, elles augmentaient chaque jour, et, un jour enfin, il parvint à escalader un bloc contre lequel il s'était longtemps épuisé en vain.

Au sommet de cette plate-forme, l'écartement des blocs supérieurs offrait un passage anguleux et comme enfoui à dessein dans ces brisures de couches rocheuses que l'on nomme *failles*, et qui sont le résultat d'un soulèvement suivi d'un affaissement de l'écorce terrestre. Ce passage ne s'était pas encore comblé de graviers et de détritus de plantes. Il était donc, sinon facile, du moins praticable, et, coupant la roche à angle droit, il aboutissait à un massif d'aloès et de cactus entrelacés que l'enfant ne put traverser. Il s'arrêta donc là à respirer un peu d'air frais qui, après sa marche pénible dans cet espace resserré, lui arrivait enfin à travers les branches.

Un raisonnement sain lui eût fait trouver, dans cette circonstance, un indice certain du succès de sa recherche. Mais, à défaut du raisonnement, l'instinct le retint en ce lieu pendant quelques heures, demandant à l'ouïe et à la respiration ce que l'épaisseur du buisson dérobait au témoignage de la vue.

Le bruit des chutes d'eau voisines était faible, et le chant des oiseaux se taisant par intervalles, Evenor était comme enchaîné par d'autres voix d'une nature indéfinissable. C'étaient des voix humaines, d'abord confuses et enfin distinctes. Et il y en avait deux qui s'appelaient et se répondaient : l'une était comme celle d'une femme, et pourtant elle avait un timbre particulier qui résonnait à l'oreille du fils des hommes sans résonner dans son âme.

L'autre, plus claire quoique plus faible, était plus vibrante, et chaque fois qu'elle s'élevait dans l'enceinte sonore de la gorge ou de la crevasse voisine, Evenor éprouvait comme une secousse électrique. Il se glissait alors le plus avant possible dans les broussailles pour se rapprocher de cette voix, qui, à chaque vibration, semblait enlever de son âme une pesanteur et un voile. La mémoire se réveillait en lui, pâle et délicieuse d'abord, et puis frappante et cruelle, à mesure qu'il s'efforçait de se soustraire d'un bond à l'engourdissement de ses facultés. Un combat inexprimable se livrait dans son sein entre l'habitude de l'apathie et le besoin de reprendre possession de lui-même. C'est ainsi qu'au milieu d'un lourd sommeil, surpris par quelque événement, nous flottons entre l'accablement et l'émotion, accablés et comme ivres.

Les voix se rapprochaient, et celle de l'enfant, toute féminine et toute naïve, sembla s'envoler vers le ciel en un rire brillant comme un rayon de lumière. La voix humaine, le rire de l'enfance, c'était là une musique qu'Evenor n'avait jamais cessé d'entendre dans ses rêveries, et dont il avait cherché en vain à s'expliquer le charme douloureux, lorsqu'il voulait penser à se souvenir. Leur effet fut magnétique, et tout aussitôt mille images distinctes se pressèrent dans son âme. Il revit le verger et la cabane où il avait vécu ses premiers ans; il vit sa mère et ses sœurs, son père et ses frères, et son aïeul et tous ses jeunes compagnons. Il ressaisit en un instant toute son existence jusqu'au moment où elle avait disparu comme un miroir qui se brise. Alors une incommensurable douleur réveilla toutes les fibres de cette âme engourdie, et s'efforçant contre les obstacles qui s'opposaient à son passage, Evenor s'enfonça plus avant dans les buissons en poussant des cris inarticulés qui s'étouffaient dans des sanglots.

D'abord, ils ne furent pas entendus. La voix de l'autre enfant, qui semblait très-rapprochée, continuait ses gammes folâtres et couvrait celle d'Evenor ; mais tout à coup les pleurs de l'un couvrirent le rire de l'autre ; les accents de détresse effrayèrent la petite rieuse, qui se tut, s'arrêta un instant et s'enfuit. Evenor entendit le sable crier faiblement sous des pieds légers, et le souffle d'une poitrine haletante passer tout près de l'endroit où il était ; et même un frôlement de feuillage l'avertit qu'il n'avait plus qu'un pas à faire pour voir l'objet de son angoisse. D'un effort désespéré, s'arrachant aux épines qui semblaient vouloir le retenir comme une proie, il s'élança dans un espace libre, et ne vit plus rien devant lui que deux êtres humains vers lesquels il se mit à courir en gémissant et en étendant des bras désespérés.

Dans une gorge étroite et verdoyante, à vingt pas du massif épineux franchi par Evenor, une femme étrange était debout, incertaine, inquiète du mouvement d'effroi de la petite fille qui revenait vers elle et qui, en se jetant dans son sein, osa enfin tourner la tête et regarder l'objet de sa terreur. Celle qui semblait être sa mère la reçut

avec amour dans ses bras, et s'avança vers
Evenor avec un geste de menace; car Evenor,
ensanglanté par les ronces, les cheveux longs et
comme hérissés, le corps à peine protégé par
quelques haillons de la tunique de peau de che-
vreau blanc, autrefois préparée avec tant de luxe
naïf par sa mère, n'était plus, au premier abord,
semblable à lui-même; on l'eût plutôt pris pour
quelque noble animal ressemblant à l'homme,
mais incapable de soigner et de préserver son
corps et indifférent à la souffrance. Pourtant lorsque cette femme vit son regard suppliant, son
agitation et ses pleurs, elle approcha de lui sans
crainte, écarta ses cheveux, regarda son front,
et, saisie de compassion, lui dit :

— D'où viens-tu, fils des prairies, et que
peux-tu demander aux dives du rocher? Les
hommes abandonnent-ils donc leurs enfants, ou
les chassent-ils de leurs demeures? Ou bien es-tu
né seul sur le sein nu de la terre, comme on
croit que vous pouvez naître? Réponds-moi donc,
si tu peux répondre, si tu as le don de la parole, et si
la langue que je te parle a un sens pour ton esprit.

La dive troglodyte interrogeait vainement le fils
des hommes. Il riait au milieu de ses larmes,
satisfait d'entendre une voix compatissante et de
regarder des traits qui ressemblaient aux traits
humains. Mais les paroles étaient inintelligibles

pour son esprit : ce n'était pas le langage de sa race.

La dive, se retournant alors vers la petite fille qui s'était cachée derrière elle :

— Enfant, ne crains rien, lui dit-elle; celui-ci est ton frère et tu peux lui parler. Essaye de lui demander d'où il vient et ce que nous pouvons faire pour lui.

Alors, des plis de la robe de la dive, Evenor vit sortir le visage de Leucippe. Leucippe avait sept ans. Elle était petite et mignonne pour son âge; mais ses membres, souples et charmants, avaient la force de la grâce, car la grâce est une élégance et une solidité de l'organisation. Sa tête fine était inondée de cheveux ondés et brillants, la blancheur de sa peau était un peu dorée par le soleil, et ses yeux, doux et vifs, répandaient comme une lumière divine autour d'elle. Gaie comme un oiseau, souriante comme l'aurore, heureuse, épanouie, elle ne pouvait ressentir la méfiance que comme la surprise d'un instant : mais elle était si émerveillée de voir un enfant de sa race, qu'elle ne pouvait trouver un mot à lui dire et qu'elle le regardait avec une fixité intelligente, moitié charmée, moitié railleuse, que la dive étudiait avec une sorte de crainte.

— Pourquoi ne lui parles-tu pas? reprit cette mère adoptive de la fille des hommes. N'est-il pas semblable à toi, et ne vois-tu pas que ses yeux veulent répondre aux tiens?

Leucippe, comme absorbée dans un de ces problèmes dont l'enfance ne sait pas révéler la profondeur, prit doucement la main d'Evenor et regarda le sang dont elle était tachée. La dive, qui suivait ses mouvements d'un œil jaloux, soupira et lui dit :

— Cet enfant est seul sur la terre, je le vois bien. Veux-tu l'avoir pour ton frère?

Leucippe garda encore le silence et resta pensive à regarder Evenor, qui bondissait autour d'elle avec une grâce sauvage, ivre de joie de voir un être de son espèce, et imitant les ébats d'un jeune faon qui en invite un autre à la course. Ces transports étranges l'étonnaient sans lui déplaire, mais je ne sais quelle hésitation, peut-être un grand instinct de fierté non raisonnée, l'empêchait d'y répondre, bien qu'elle fût vivement tentée de partager cette joie innocente et folle.

La dive Téleïa la prit alors dans ses bras et lui dit en l'emportant :

— Cet enfant des hommes n'a ni raison ni parole. Laissons-le s'en aller. Tu aimes mieux ne plus le voir.

Et elle marcha vers une grotte qui était sa demeure et celle de Leucippe.

Mais Evenor les suivait en sautant et en riant

toujours, et Leucippe le regardait par-dessus l'épaule de la dive.

Quand elles furent à l'entrée de la grotte, la dive, n'ayant pu faire rompre le mystérieux silence de Leucippe, lui dit en la posant sur ses pieds :

— Cet être sans raison nous suit toujours, je vais le chasser.

Et elle menaça Evenor, qui, sans faire attention à elle, cherchait toujours à se rapprocher de Leucippe. Alors Téléïa feignit de vouloir frapper le jeune garçon, qui cessa ses jeux et s'arrêta effrayé et comme désespéré, se coucha par terre et se remit à pleurer.

La dive, regardant Leucippe, vit de grosses larmes tomber sur ses joues rondes et fraîches; c'étaient les premières de sa vie. Téléïa releva Evenor, et, l'emmenant au fond de la grotte où coulait une source, elle le lava, lissa sa chevelure et le revêtit d'un tissu de feuilles de palmiers, ouvrage de ses mains, comme celui dont Leucippe et elle étaient protégées contre l'ardeur du soleil.

Evenor surpris cherchait à se rappeler tout ce qu'il avait ressaisi de son passé, rêve incertain qui tour à tour l'éclairait et le troublait de ses lueurs fugitives. Il s'abandonnait aux soins maternels de la dive, qui lui retraçaient vaguement ceux dont il avait été l'objet autrefois, et il regardait cette femme grande et pâle dans laquelle il se reprochait de ne pas reconnaître sa mère.

La dive, le ramenant à l'entrée de la grotte, chercha Leucippe, qui était sortie sans rien dire et qui revint alors, cachant mal sous le voile de ses longs cheveux une couronne de sauge bleue qu'elle venait de tresser, et qu'après une timide hésitation, elle pria la dive de mettre sur les cheveux de son frère.

— Il est donc ton frère? dit Téleïa en couronnant Evenor, qui respirait le parfum des fleurs avec l'étonnement d'une découverte, toutes les sensations lui revenant à la fois.

Leucippe était toujours muette et son furtif sourire était plus sérieux qu'enjoué. La dive, s'asseyant alors, prit Evenor entre ses genoux et, lui ajustant sa couronne, l'examina avec un profond recueillement. Peu à peu son sein se gonfla, et des torrents de pleurs coulèrent sur la tête d'Evenor, qu'elle couvrait de baisers.

— Dieu bon! disait-elle dans cette langue étrangère aux oreilles du fils des hommes, c'est lui, c'est mon fils que tu me rends sous cette nouvelle apparence. Ce ne sont plus ses traits, mais voilà son regard, et je vois bien que son âme est entrée dans ce beau corps pour revenir me consoler, comme l'âme de ma fille est passée dans le beau corps de Leucippe. Viens, Leucippe et vois! Ne te souviens-tu pas? Voici ton frère qui est mort le même jour que toi, et qui est revenu du ciel comme toi-même.

Quoique Leucippe comprît le langage de la dive (elle n'en parlait point d'autre), ses paroles étaient pleines de mystères qu'elle ne saisissait qu'à travers le voile de l'enfance et celui de l'humanité. Sa nature, moins subtile que celle de Téléïa, ne se prêtait qu'à demi à l'initiation qu'elle commençait à recevoir ; mais l'amour qu'elle lui portait était si absolu et si croyant, qu'elle interrogeait peu et acceptait sans chercher le doute. Elle répondit naïvement :

— Je tâcherai de me souvenir ; mais, puisque tu le dis, cela est. Faut-il que j'embrasse mon frère ?

Téléïa mit Leucippe dans les bras d'Evenor, qui, recevant les caresses de ces deux êtres aimants, voulut crier avec ivresse les noms de sœur et de mère ; mais il ne put qu'exhaler une tendre plainte, et, retombant accablé sur lui-même, il se rendit enfin compte de l'oubli de tout langage qui s'était fait en lui.

Leucippe lui parla alors avec de charmantes prévenances, que la dive ne pouvait observer sans un sourire attendri. La petite fille, obéissant à un instinct profond de fierté maternelle, invitait

cet autre enfant, qui avait le double de son âge, à
ne pas la craindre, à prendre confiance en elle,
et à compter sur sa protection. Elle ne lui offrait
pas l'abri et la nourriture, ne supposant pas
qu'un être, quel qu'il fût, pût manquer du nécessaire ici-bas. Élevant plus haut ses idées et ses
promesses, par la force naturelle d'une situation
qui n'aurait point d'analogue aujourd'hui, elle
lui offrait ce qu'elle concevait et ce qu'il y avait
réellement alors de précieux sur la terre, l'a-
mour et les caresses de la famille.

Evenor l'écoutait avec admiration. Les douces
inflexions de sa voix le charmaient, l'angélique
lucidité de son regard lui traduisait les sentiments naïfs qui lui étaient offerts. Il voulait répondre, mais ne savait former que des bégaye-
ments sauvages, et, se dépitant de ne pouvoir
mieux dire, il sentait une sorte de honte et de
douleur au milieu de sa joie.

— Ce fils des hommes, dit Téléïa à Leucippe,
qui lui demandait la cause des réponses inintelligibles de son frère, est fâché de ne pouvoir te
parler. Je t'ai dit que les hommes, tes frères,
avaient une autre manière de s'entendre que celle
que je t'ai donnée. Je ne sais pas si je pourrai la
donner à celui-ci. Nous essayerons, et s'il s'y
prête, bientôt à nous trois, nous ne ferons plus
qu'une âme.

Dès ce moment, Evenor ne quitta plus Leucippe d'un instant. La dive veillait sur eux, absorbée en eux seuls, et semblant, ne vivre que de
leur vie. Ce qu'elle enseignait à Evenor passait
toujours par l'intermédiaire du langage et de la
pantomime de Leucippe, et la dive s'étonnait de
la promptitude des communications que le geste,
le regard et l'inflexion de la voix établissaient
entre ces deux enfants des hommes. Téléia appartenait à une race qui, surtout dans les dernières phases de son existence, avait été plus
préoccupée des choses intellectuelles que des
relations de la vie pratique ; race d'anachorètes,
forcément isolés par l'extinction rapide de leur
type, et que l'antiquité confondit avec certaines
peuplades sauvages, sous la dénomination de
troglodytes, habitants des creux. La tendance de
la nouvelle race humaine à s'emparer avidement
et ingénieusement du monde réel, dédaigné ou
redouté des premiers occupants depuis le nouvel
aspect revêtu par la terre, était pour la dive un
sujet d'étonnement et de méditation. Nous ver-
rons bientôt combien Téléia était transformée,
eu égard à ceux qui l'avaient précédée dans la
vie terrestre ; mais elle était encore loin de pouvoir se plier entièrement à l'esprit d'investigation
et d'invention qui porte notre famille humaine à
poursuivre le rêve du bonheur en ce monde.

Élevée dans une admirable croyance qui, sous diverses formes, s'est répandue comme une céleste lueur sur toutes les religions naissantes de notre antiquité historique, elle pensait avoir retrouvé dans Evenor et Leucippe les âmes des deux enfants qu'elle avait tant pleurés. Mais cette consolation n'était pas sans mélange de douleur. Elle craignait que le rôle de l'humanité nouvelle ne fût une déchéance, et, tourmentée d'un doute secret, elle contemplait ces deux êtres tour à tour avec admiration et pitié, s'effrayant de leur ignorance naturelle à certains égards et jouissant de leur intelligence innée à certains autres.

Éducatrice inspirée de l'enfance de Leucippe, elle lui avait donné déjà des notions d'une sublimité qui faisait de cet être primitif, comparé aux enfants de nos jours, une sorte d'intermédiaire entre la terre et le ciel. Pourtant Leucippe appartenait corporellement à l'humanité, et par là elle ne pouvait s'assimiler à la nature plus contemplative et plus austère de la dive. L'impérieux besoin de la joie, cette faculté sainte qui avait été, chez les dives, une aspiration intérieure vers l'idéal, et qui, chez les hommes, était comme une ivresse de l'âme et du corps suscitée par la possession du réel, avait été une condition d'existence pour Leucippe, et Téleïa avait respecté en elle ce besoin d'animation extérieure qui était l'expression, souvent bruyante et emportée, du ravissement intellectuel. Les chants folâtres, les monologues animés et les rires, sans motif apparent, de Leucippe avaient donc réveillé, par leurs mystérieuses harmonies, les mornes échos des antres habités par la dive, tandis que les sables arides de la grève étaient sillonnés des folles spirales de sa course légère et fantasque au bord des flots. Peut-être les sons lointains de cette voix enivrée d'innocence avaient-ils vibré quelquefois faiblement dans l'air que, sur le revers de la montagne, respirait le solitaire Evenor. Il ne les avait pas distingués des autres souffles de l'universelle harmonie; mais peut-être leur avait-il dû les rêves confus par lesquels son imagination avait préservé sa raison d'un complet anéantissement.

Depuis que cette voix parlait de plus près à son oreille, elle pénétrait pleinement dans son cœur. Une fascination non moins régénératrice, celle du regard de la face humaine, lui parlait aussi un langage dont l'âme humaine a besoin. Evenor ne voyait presque pas la dive, bien qu'il fût toujours à ses pieds ou dans ses bras, jouant, riant, et essayant de parler avec Leucippe. Il avait besoin d'un effort de sa mémoire et de sa volonté pour se manifester à elle; et pourtant, il

s'habituait, comme Leucippe, à ne plus s'éloi-
gner d'elle, ou à y revenir avec empressement,
au moindre appel de sa voix. Un moment devait
venir où Téleïa serait ardemment interrogée par
son intelligence inquiète, mais il ne pouvait être
initié au retour de la vie de sentiment que par la
fille des hommes.

Les premiers jours qu'il passa dans la région
des grottes habitée par sa nouvelle famille furent agités de grands efforts pour comprendre ce
qu'il voyait. Il s'était habitué à la beauté de
l'Éden sans se la définir, et le nouveau séjour qui
lui faisait déjà oublier les délices de la vallée
voisine l'impressionnait profondément. Il y était
souvent dominé par de secrètes terreurs qu'il ne
savait pas s'expliquer à lui-même, et qui le ren-
daient plus docile à réprimer les effervescences
sauvages de son activité. L'austérité de cette nature lui fut intelligible plus tard. Nous devance-
rons sa lucidité et nous décrirons le désert terrible où, comme une fleur insouciante, Leucippe
croissait au seuil des abîmes béants.

Pas plus que l'Éden, ce lieu n'offrait d'issue
aux pas humains. C'était un cratère touchant à
un autre cratère et dont l'enceinte basaltique
s'était soudée à l'enceinte voisine, comme deux
anneaux d'une chaîne. Si l'on pouvait embrasser
de l'œil le plan en relief de certains rivages ma-

ritimes, ou de certaines chaînes volcaniques, on
se représenterait par la pensée l'époque où ces
larges coupes creusées dans le roc, les unes qui
sont aujourd'hui pleines de végétation, les autres
de débris encore intacts, furent comme les pier-
reries ardentes d'un collier de feu jeté dans un
certain ordre fatal sur la face de la terre, ou
jaillissant du sein des mers. Ces explosions sou-
terraines portent souvent la date de différents
âges, l'incandescence des unes ayant succédé ou
survécu de beaucoup à l'épuisement des autres.
Quelques-unes, même dans les régions refroidies
depuis de longs siècles, conservent encore un
foyer de chaleur très-sensible, des sources
bouillantes, des étangs bitumineux, des exhalaisons sulfureuses et un sol brûlant que rasent des
lueurs sinistres. Ce sont les solfatares, qu'en divers lieux de la terre nos aïeux ont appelées
Ténares, et où, à côté de zones d'une éternelle
stérilité, s'élèvent des végétations luxuriantes
qui semblent braver ces fureurs plus ou moins
bien endormies.

C'était sur un de ces foyers mal éteints que la
dive avait fixé son autel solitaire. Ignorant le voisinage de l'Éden, dont l'accès facile pouvait
échapper à de longues explorations et n'être découvert que par une circonstance fortuite, elle
avait préféré aux divers anneaux de la longue

chaîne volcanique rivée depuis des siècles autour
des débris de sa race infortunée, celui qui lui
rappelait ses dernières affections et ses dernières
joies. Plus tard elle révéla à Evenor comment
ses pères avaient subi l'attrait de circonstances
locales qui leur retraçaient l'aspect de la terre
au temps d'une occupation plus générale et plus
heureuse, et aussi comment le même ébranle-
ment souterrain qui avait fermé pour lui le chemin de l'Éden vers sa terre natale avait détruit
le passage de la solfatare aux autres vallées, le
long de la plage maritime maintenant envahie
par les flots.

C'était surtout le voisinage et l'aspect découvert de ces flots immenses brisant avec fureur
contre des masses de rochers jetées çà et là
comme des ruines gigantesques, qui frappaient
Evenor d'une muette stupeur. Des collines de
l'Éden, il avait aperçu la mer, mais séparée de
la vallée par un vaste massif de rochers qui pro-
tégeait sa pensée et qui éloignait de sa vue et de
son audition le mouvement et le bruit du formidable élément. Dans les jours d'orage, il avait
confondu sa voix avec celle du tonnerre; dans
les jours paisibles, son murmure s'était perdu
avec celui des cascades de la montagne. Vue et
entendue de près, la mer lui semblait brutale et
menaçante, et ce ne fut qu'au bout de quelques

jours qu'il s'habitua à suivre Leucippe sans terreur jusqu'au bord des premières ondes, où la
rieuse fille aimait à tremper ses petits pieds dans
l'écume jaillissante et à ramasser les coquillages
étincelants abandonnés par la vague.

La solfatare, plus inclinée vers la mer et plus
rapprochée de la grève que l'Éden, n'offrait pas
la même forme dans toute son enceinte; c'était
un hémicycle plutôt qu'un cirque. Le fond de
l'excavation centrale n'était pas un beau lac
bordé de fleurs, mais un gouffre où bouillon-
naient d'invisibles eaux chaudes et d'où s'exha-
lait une chaleur suffocante. La dive seule approchait de ce lieu redoutable, dont de grandes
masses de roches ponceuses, d'une forme bizarre, masquaient les abords effrayants. Elle en
éloignait les enfants et se tenait habituellement
avec eux au flanc de la montagne, que couvrait
une épaisse forêt de pins énormes et de chênes
séculaires. Là, dans une gorge étroite et ombra-
gée où régnait une chaleur uniforme, elle avait
gardé pour retraite une caverne où le travail des
dives avait laissé ses traces à côté de celui de la
nature. Les voûtes, creusées dans la roche fria-
ble, étaient revêtues de peaux d'animaux et de
palmes séchées assujetties avec une solidité barbare, qui ne rappelait en rien l'élégante et fragile
commodité des cabanes où Evenor avait passé son

enfance. Plus durables et plus austères étaient
les établissements dans le rocher. On y sentait
l'amour du recueillement plus que celui du bien-
être, et l'absence de ce besoin, inné dans l'homme,
de changer ses habitudes et de recommencer son
ouvrage pour l'embellir autant que pour l'amé-
liorer. Evenor voyait dans cette grotte la dépouille superbe d'animaux inconnus, des vases
de métal, des armes et des outils dont il ignorait
l'usage, des vêtements, des bandelettes, et sur
tous ces objets des caractères hiéroglyphiques
qu'il prenait pour des ornements, et qu'il se
croyait capable d'imiter sans les comprendre. Il
s'étonnait de voir Leucippe lire, avec l'aide de la
dive, quelques-uns des caractères, et longtemps
il crut qu'elle parlait à ces objets inanimés, et
qu'elle attendait d'eux une réponse qu'il s'efforçait en vain d'entendre.

Cette étrange demeure était vaste et se composait de plusieurs salles communiquant par des
galeries. Le soir, la dive allumait une torche de
résine qu'elle avait recueillie elle-même aux pins
de la forêt, et qu'elle laissait brûler toute la nuit
à l'entrée principale des grottes. Avant de s'en-
dormir sur sa natte, Evenor la voyait aller et
venir mystérieusement à la lueur bleuâtre de ce
flambeau, comme une ombre inquiète. Quelquefois, elle semblait irritée, menaçante, et alors

elle sortait brusquement. Quand il s'éveillait, il
la voyait revenir plus pâle que de coutume, l'œil
éteint et la démarche brisée. Il commençait à
s'interroger sur toutes choses et à connaître la
peur ou la méfiance; mais, dès que Leucippe ou-
vrait ses beaux yeux à l'aube nouvelle, son sourire éclairait, comme un rayon matinal, la sombre
grotte, la sombre forêt et jusqu'au sombre visage
de la dive, attendrie et comme vaincue. Evenor se
sentait rassuré, et il lui tardait de savoir parler
pour interroger Leucippe sur toutes ces choses
mystérieuses de sa nouvelle existence.

IV

LE VERBE.

———

Pendant toute une saison, Leucippe se fit le
guide et comme la tutrice de celui qu'elle appe-
lait son frère. Elle le conduisait dans tous les dé-
tours des brisures de la montagne, dans toutes les
profondeurs de la forêt, dans toutes les déchi-
rures du rivage, qu'elle connaissait comme un
enfant de nos jours connaît les allées d'un bosquet et les terrasses d'un jardin. A chaque site,
à chaque objet, elle le forçait à en dire le nom
comme elle le disait elle-même ; mais cette langue
des dives, plus étendue et plus abstraite que celle

des hommes, n'en avait ni la précision ni le réalisme. Evenor avait beaucoup de peine à en retenir
les définitions souvent très-complexes, et lui qui
avait été l'inventeur ou le redresseur ingénieux
et logique d'une partie du langage de sa tribu, il
éprouvait le besoin de définir et de caractériser
lui-même les objets et les actions qui s'y rap-
portent directement. Il arrivait ainsi à retrouver
la plupart des mots et des constructions qu'il avait
appris ou créés, et qu'il croyait créer et découvrir
à l'instant même. « Sur notre malheureuse terre,
a dit un poëte aux idées profondes, l'homme est
souvent obligé de recommencer l'œuvre de son
avancement. Souvent il croit apprendre pour la
première fois, et il ne fait que se souvenir. »

Il arriva que Leucippe, dont l'intelligence, con-
tinuellement exercée par les enseignements de la
dive, n'avait pas éprouvé, comme celle d'Evenor,
une lacune et comme une fuite momentanée de
sa source abondante, apprit plus vite la langue
d'Evenor que celui-ci n'apprit la sienne. L'esprit
de la petite fille était plus docile, plus prompt à
s'assimiler les notions acquises, plus pénétrant et
plus souple. Celui du jeune garçon était plus rebelle à l'action d'autrui, mais plus puissant à se
dégager lui-même, plus fort de sa propre force,
plus créateur, en un mot. L'initiative était sa vie,
et quand une idée s'emparait de ces deux enfants,

Evenor en était le foyer, Leucippe en était le rayonnement. Par le fait du long isolement et de l'espèce d'égarement que le jeune garçon avait subis, comme par le fait de l'initiation que la petite fille avait déjà reçue, leurs âmes avaient le même âge, et Evenor ne se disait pas que Leucippe était un enfant et lui un adolescent. Éclairée d'une lumière religieuse, elle lui était supérieure dans un certain ordre d'idées qu'il ne pouvait aborder encore ; mais, ignorante de la vie de relations et de progrès, si elle était plus propre à cultiver l'idéal poétique, elle devait bientôt trouver en lui une aptitude plus prononcée à la sagesse et à la science sociale.

Il arriva donc qu'en se jouant, Evenor et Leucippe retrouvèrent une langue qui leur était commune et que la dive n'entendait pas. Un jour, elle fut surprise de les entendre converser ensemble, et son front soucieux trahit une jalousie et une inquiétude maternelles. Mais elle se recueillit et dit à Leucippe, qui se tourmentait de sa tristesse :

— Ma fille, ce que Dieu a fait est bien. Il t'a envoyé un frère, et il lui a donné une parole que tu as reçue. Je ne pouvais te donner que la mienne, et Dieu n'a pas voulu qu'elle pût te suffire. Ce que Dieu veut, je dois le vouloir.

Ce mot mystérieux de la Divinité, que la dive

prononçait sans cesse, trop souvent peut-être
pour des oreilles humaines, et dont elle faisait
intervenir l'idée dans tous les événements de sa
vie avec une certaine tendance au fatalisme, frappait l'attention d'Evenor. La soumission passive
que Leucippe montrait devant cette parole lui en
faisait pressentir la portée. Il devinait aisément
tout ce que se disaient la mère et la fille dans
leurs communes et légères préoccupations du
monde réel; mais lorsqu'elles semblaient s'occuper d'un être invisible, et que la dive, montrant
les astres à Leucippe, paraissait lui révéler des
merveilles qu'Evenor n'apercevait point, il regardait autour de lui avec crainte, comme s'il eût
attendu quelque prodige.

Ce secret dont il semblait exclu vint à le tour-
menter étrangement. Il se sentait comme humilié,
comme jaloux de la dive, qui détournait quelquefois de lui, pendant quelques instants, l'attention
et la sollicitude de Leucippe. Il se disait que la
faute en était au peu d'efforts qu'il faisait pour
apprendre leur langage, et il résolut de l'apprendre, dût-il encore oublier celui de sa race. En peu
de jours, il sut donc comprendre Téleïa et lui
répondre; mais son vocabulaire était encore
borné à l'échange des idées les plus élémentaires,
et lorsqu'il voulait exprimer autre chose que des
faits immédiats et désigner d'autres objets que

les objets palpables, il était aussi inhabile dans une langue que dans l'autre. Son esprit et son cœur étaient plus avancés qu'il ne pouvait l'exprimer, et il se livrait à de naïfs dépits quand on ne devinait pas son émotion ou sa pensée.

Un soir, il se sentit si accablé de son impuissance, qu'il s'en alla seul dans l'Éden. Il avait déjà presque oublié que ce lieu d'abondance et de délices existait si près de l'austère et grandiose séjour de la dive. La vision de son royaume à lui, les charmes de son désert lui revinrent tout à coup à l'esprit avec le souvenir des pleurs qu'il y avait versés et des vagues extases qui l'avaient calmé. Leucippe dormait dans la grotte auprès de la dive, et la lune montait dans les cieux, claire et sereine.

Ranimé à la vue de son paradis, Evenor se mit à chercher l'inconnu en lui-même. Que lui manquait-il donc, qu'il était quelquefois triste, confus et comme seul entre Téléïa et Leucippe? Il savait, comme elles, le nom de toutes les choses visibles, mais il sentait qu'elles pouvaient échanger des témoignages d'affection plus élevés et plus pénétrants que les baisers et les étreintes de l'amour filial et maternel. Elles savaient se dire leur mutuelle tendresse ; et lui, il n'avait que les caresses pour exprimer son sentiment. Les oiseaux que Leucippe apprivoisait en savaient donc autant que lui. S'ils avaient un autre langage d'amour, elle ne l'entendait pas, et ce n'était qu'avec la dive qu'elle trouvait dans la parole une effusion complète et toujours nouvelle.

Il s'avisa donc de ceci : que les sentiments ont leur expression parlée comme les actions, et que le verbe peut caractériser des élans de l'âme et de l'esprit, aussi bien que des besoins et des curiosités de l'instinct. Il sentit, sans se le définir, comme nous le faisons à sa place, que le véritable verbe qui fait l'homme est là tout entier, et que l'âme a une voix qui peut et doit passer par les lèvres. Il s'épuisa à chercher dans son cerveau le mot suprême qui devait résumer son affection pour Leucippe et sa reconnaissance pour Téleïa, et, fatigué de ne trouver que des définitions correspondantes à celles-ci : « Je te vois, je t'entends, je te suis, je t'appelle, » il s'endormit sous un arbre, et continua de chercher dans le rêve ce que la veille ne lui avait pas donné.

C'est alors qu'il entendit une voix lui parler. C'était la voix même de Dieu qui résonnait dans son âme et qui tantôt semblait planer comme un chant sur sa tête, tantôt vibrer dans sa poitrine comme un souffle vivant. Et cette harmonie sacrée murmurait un seul mot, toujours le même, un mot nourrissant comme le miel et rafraîchissant comme la brise, chaud comme le soleil et

clair comme les cieux, le mot de la vie, la formule de l'être.

Quand Evenor s'éveilla, ce mot remplissait pour
lui le ciel, et la terre, et lui-même. Il était ivre
de joie : la beauté des choses lui parlait, et il la
comprenait enfin en même temps qu'il la voyait. Il
saisissait le sens des baisers que Leucippe, assise
sur les genoux de la dive, envoyait aux étoiles et
aux fleurs, quand la dive lui parlait de Dieu.

Il courut aux grottes et y arriva au premier
rayon rose que le soleil levant glissait comme
furtivement sous le seuil ombragé. Pour la première fois, ce seuil festonné de lierre et les parois
blanches et brillantes du rocher lui parurent un
portique splendide et sacré devant lequel il s'in-
clina en frissonnant de joie. Leucippe, surprise de
le voir déjà levé, accourait à sa rencontre, gaie
comme à l'ordinaire ; mais elle s'arrêta, saisie de
l'émotion qu'exprimait la physionomie d'Evenor,
et, sentant que quelque chose de nouveau se passait en lui, elle l'interrogea. Evenor l'entoura de
ses bras, et, lui montrant la dive, la grotte, le
ciel, les arbres, la terre humide de rosée et la
mer lointaine, les oiseaux volant dans les feuillages, les fleurs encore penchées sur leur tige dans
l'attitude d'un mystérieux sommeil, et les cimes
de la montagne et les eaux bondissantes, il lui dit :

— J'aime !

Leucippe trouva cette parole si naturelle, qu'elle n'y répondit que par un baiser. Et cependant elle appela la dive pour lui montrer Evenor, en lui disant :

— Il a dit le mot qu'il ne pouvait pas comprendre, il a dit : « J'aime ! »

— O fils des hommes ! s'écria la dive après avoir fait répéter à Evenor ce mot qu'il prononçait pour la première fois de sa vie, tu as enfin trouvé la formule de ton adoption complète et de ton hyménée avec Leucippe. C'est là le mot profond qui ne s'enseigne point et que Dieu seul peut révéler. O Dieu créateur ! tu es le père de cette race, je le vois bien, et tu as mis sur les lèvres de cet enfant le sceau de ton alliance. Voici la parole qui n'a point de sens pour quiconque n'est pas inspiré du ciel. La matière aspire, désire ou veut. Il n'y a que l'esprit qui bénisse et qui aime. Ce mot, qui ne répond qu'à des besoins supérieurs de l'être, est donc la clef de la vie supérieure. Ah! cette race doit vivre et vivra. L'essence divine est en elle, et celle qui a revêtu la substance de cet enfant est de même nature que celle de Leucippe et la mienne. Que ses organes soient plus ou moins parfaits, plus ou moins subtils, que sa liberté soit plus ou moins complète, tu n'en as pas moins mis ton amour infini dans cette créature, et elle n'en est pas moins au premier rang sur l'échelle des êtres.

Evenor et Leucippe ne comprirent que vaguement la bénédiction que la dive exaltée adressait au principe des choses, âme du monde. Mais la bénédiction particulière que ses caresses consacraient sur la tête d'Evenor répandit dans leurs âmes une joie instinctive. La formule d'hyménée que Téleïa prononçait sur eux ne leur fut qu'à demi intelligible. Ils y virent celle d'une égalité complète dans l'amour qu'ils inspiraient à la dive, et qu'ils éprouvaient l'un pour l'autre.

A partir de ce jour, la langue d'Evenor fut comme déliée d'un empêchement fatal, et il fut rapidement initié à toutes les formes du langage dans l'ordre des idées aussi bien que dans celui des faits. Il retrouva en même temps, car toutes les forces de l'esprit se tiennent, le souvenir complet de la langue qu'il avait parlée dans sa famille, et il voulut l'enseigner à la dive; mais elle s'y refusa.

— Non, lui dit-elle, je ne dois pas converser avec les hommes. Il ne m'est pas donné de les instruire directement. Dieu m'a envoyé en vous deux des intermédiaires qui garderont l'idée que j'ai à leur transmettre, et ma mission n'est pas de changer, mais de modifier votre nature. Si je vous parlais la langue des hommes, vous négligeriez celle de Dieu. Conservez donc entre vous cette manifestation qui vous servira un jour avec vos semblables; mais servez-vous de moi, pendant que vous m'avez avec vous, pour vous pénétrer d'une manifestation plus élevée qui ne s'adresse qu'à l'esprit.

Des mois et des années s'écoulèrent, et le désert vit grandir Evenor et Leucippe en force, en beauté, en intelligence, en amour et en science. Chaque jour, la dive leur enseignait la grandeur et la sagesse divines. La première fois qu'elle communiqua cette notion à Evenor, elle fut ravie de la lui voir admettre sans surprise et sans résistance.

— J'aurais cru, lui dit-elle, que, moins jeune et moins modifiable que Leucippe, tu me demanderais la preuve matérielle de ma révélation.

— Non, dit Evenor, je ne te la demande pas, parce que, si tu me demandais pourquoi j'aime Leucippe, je ne pourrais te rien répondre, sinon que j'aime parce qu'elle est. A présent, tu me dis que Dieu est parce que j'aime : je te comprends assez pour te croire.

Et quand la dive instruisait Evenor et Leucippe, elle leur disait :

— Dieu est ce que vous ne pouvez pas aimer par l'instinct. Il faut toute l'étendue de vos aspirations, toute la force de vos esprits, toutes les facultés supérieures qui sont en vous dans vos plus doux moments de joie et de tendresse, pour vous pénétrer de sa présence et de son amour. Vos sens ne peuvent l'embrasser, votre mémoire ni votre imagination ne peuvent se le représenter, car il n'a pas une forme déterminée que vos organes puissent saisir. Sa forme, c'est l'univers infini, et vous ne vous représenterez jamais l'univers infini que par une puissance de l'âme dont l'organe particulier est distinct des autres organes humains. Cet organe est celui d'une vision intérieure qui rend l'être plus pur et plus fort, et qui l'élève, dès cette vie, dans l'ascension toujours plus large et plus rapide vers les cimes de l'immortalité.

Evenor méditait les leçons de la dive, et quand les mots dont elle se servait dépassaient sa portée, il se les traduisait à lui-même dans la forme qu'il lui était donné de concevoir. Quelquefois Leucippe faisait des questions ingénues :

— Si toutes choses sont des présents de Dieu, disait-elle, le soleil et les étoiles sont Dieu là-haut, et toi, ma mère, tu es Dieu ici, ainsi que mon frère et moi.

— Toutes choses sont divines, répondait la dive; mais Dieu n'étant contenu et limité dans aucune, aucune n'est Dieu. Le soleil est un des innombrables sanctuaires de sa munificence, et nos âmes aussi sont des sanctuaires que son amour habite. Lui seul est tout ce qui est. Il est celui qui donne et qui ne se montre à nos sens

que par ses dons. La beauté de ces dons nous
révèle la beauté de son amour. Mais après qu'il
t'a donné la vue des cieux et les délices de la terre,
il t'a bénie plus tendrement encore en te donnant
la pensée qui est l'œil de ton âme pour voir tous
les astres et toutes les fleurs du monde divin de
l'infini. Entre ce monde de l'esprit et celui des
sens, il y a un lien qui les unit et les révèle l'un
à l'autre. Ce lien, c'est la puissance d'aimer. Quel
autre te l'aurait donné, sinon celui qui est l'amour
même?

— Et si j'aime beaucoup, disait Leucippe, Dieu
m'aimera-t-il encore mieux qu'il n'aime mon frère?

— Désires-tu donc qu'il l'aime moins que toi?
reprenait la dive.

— Non! s'écriait l'enfant effrayée; il faudrait
plutôt qu'il l'aimât davantage.

— Tu vois bien, disait alors Téleïa, que l'on
ne doit pas être jaloux de Dieu, et ne pas s'em-
barrasser du plus ou moins de bonheur qu'il nous
accorde. L'amour doit être désintéressé et se
trouver assez heureux de venir de lui et de pouvoir y retourner.

Et quelquefois, en parlant ainsi, Téleïa laissait
tomber à son insu des larmes sur les beaux cheveux de Leucippe. La dive infortunée songeait à
ses douleurs et bénissait encore Dieu dans le dé-
chirement de ses entrailles.

Evenor, en la voyant pleurer, éprouvait aussi
une douleur profonde sur laquelle il n'osait pas
d'abord l'interroger. Il pensait à sa mère, et se la
représentait pleurant son absence comme Téleïa
pleurait la mort de ses enfants. Il avait demandé,
aussitôt qu'il avait su parler, s'il pouvait sortir
du Ténare, et Leucippe lui avait dit en riant :

— Non, puisque la terre a tremblé et qu'elle s'est
noyée sous la mer. Mais qu'est-ce que cela fait,
puisqu'il y a ici beaucoup de terre pour marcher,
beaucoup de coquillages sur le sable et de graines
dans la forêt pour notre nourriture, ainsi que
beaucoup d'animaux et d'oiseaux pour nous tenir
compagnie?

Leucippe croyait être fille de Téleïa, et la dif-
férence que celle-ci établissait parfois dans ses
paroles entre les dives et les hommes ne présen-
tait aucun sens à son esprit. Quand Evenor se
hasardait à lui demander où était sa mère à elle,
elle le regardait avec de grands yeux étonnés et,
lui montrant la dive, elle répondait :

— Est-ce que tu ne la vois pas?

— Et cependant, disait Evenor timidement,
elle n'est pas comme nous. Elle est très-grande,
très-pâle, et toujours triste ou sérieuse. Quand
elle sourit, elle pleure en même temps, et quand
elle pleure, elle sourit encore. Elle ne regarde
pas comme nous, elle ne dort pas comme nous.

Elle a froid quand nous avons chaud et chaud quand nous avons froid. Elle va sur la solfatare, et là où nos pieds brûleraient, elle marche tranquillement. Elle nous défend d'approcher des rochers où gronde l'eau fumante, et elle y descend et y reste quelquefois longtemps comme si elle s'y trouvait bien. Elle nous suit au bord de la mer et partout où il nous plaît d'aller, mais quelquefois on dirait qu'elle ne peut plus respirer, et que ce qui nous réjouit la fait souffrir, transir ou brûler.

Leucippe, qui n'avait encore rien remarqué de tout cela, s'inquiétait alors et devenait triste, et suivant les mouvements de la dive, elle s'arrêtait quelquefois au milieu de ses joies expansives et de l'emportement de son activité, pour lui demander ce qu'elle avait. Dans ces moments-là, les belles couleurs de Leucippe s'effaçaient tout à coup sans qu'elle pût s'expliquer à elle-même pourquoi elle avait peur et chagrin en même temps, car la dive ne lui avait encore parlé de la maladie et de la mort que comme de maux qui avaient affligé la terre autrefois, et dont elle ni Evenor n'avaient pas à se préoccuper.

En voyant pâlir Leucippe, Evenor se reprochait de l'avoir alarmée, et Téleïa s'empressait de la rassurer en lui disant qu'elle n'avait que sujet de remercier Dieu de toutes choses.

Mais Evenor, ayant vécu parmi les hommes, avait plus que Leucippe la notion de la vieillesse et de la mort. Il avait peu vu la souffrance, mais il se rappelait avoir éprouvé les frissons de la fièvre et l'accablement de la maladie. Il se retraçait la caducité de son aïeul, sa démarche traînante et son pas incertain. Quelquefois la dive lui paraissait arrivée à la décrépitude, et il lui demandait timidement, quand Leucippe ne pouvait pas l'entendre, si elle était vieille. Mais Téleïa n'avait bien souvent, sur les choses de fait, que des réponses obscures, ambiguës comme des oracles.

— Quand même je compterais des siècles, disait-elle, je serais encore bien jeune sur la terre.

Et il y avait des moments d'enthousiasme et de prière où elle semblait si forte, si belle et si vivante, qu'Evenor prenait d'elle une idée plus haute que celle qu'il avait gardée de son aïeul, de sa propre mère et de toute sa race. Il en exceptait pourtant Leucippe, qu'il eût crue volontiers immortelle, et lui-même, qu'il sentait libre et fier jusque dans son respect et sa soumission pour la dive.

A mesure qu'il avait su parler avec cette dernière, il lui avait raconté ce qu'il comprenait de sa propre histoire. Téleïa avait exigé qu'il lui fît

ce récit pendant le sommeil de Leucippe. Elle
n'avait pu lui expliquer par l'induction le côté
mystérieux de son entrée dans l'Éden ; et comme
elle n'était pas une intelligence parfaite ; comme,
à côté de ses notions élevées sur l'œuvre divine
et le rôle de la Providence, elle avait dans l'âme
des défaillances de lumière, elle s'imagina que
Dieu avait transporté Evenor, durant son sommeil, dans le lieu où il devait oublier sa première existence avant d'être initié à la science
des dives et de devenir digne de Leucippe. Déjà,
nous l'avons dit, elle tenait aux ténèbres de la
terre par un penchant prononcé au fatalisme.

Elle n'osa pourtant faire partager cette pensée
à Evenor, craignant peut-être de l'effrayer par la
possession qu'elle voulait prendre de lui pendant
un temps donné. Aussi quand il lui manifesta le
désir de revoir sa mère :

— Cruel enfant, lui dit-elle, veux-tu donc
faire mourir Leucippe? Ne vois-tu pas que si
elle a pu vivre de ma vie, jusqu'au moment où
tu es venu lui donner la tienne, elle ne pourrait
plus maintenant se passer du souffle divin qui t'a
été confié pour elle?

Et comme Evenor lui disait :

— Je ne crois pas pouvoir sortir de l'Éden ; je
l'ai essayé en vain, et tu m'as juré que je ne
pouvais pas davantage sortir du Ténare. Cepen-

dant ne dois-je pas essayer encore de trouver un chemin, même quand je devrais risquer ma vie?

Elle répondait :

— Viens donc dire adieu à Leucippe ; car, si tu perds la vie en voulant gravir ces terribles montagnes, elle mourra en même temps que toi, et si tu parviens à revoir tes parents, ils ne te laisseront pas revenir, et Leucippe mourra de langueur avant qu'il soit un an.

Evenor était frappé d'épouvante à l'idée de faire mourir Leucippe, et il vit bientôt que Téleïa lui disait la vérité, car, lorsqu'il la quittait pendant quelques heures pour chercher, sans le lui avouer, une issue dans la montagne, ou pour aller lui cueillir dans l'Éden certaines fleurs ou certains fruits que ne produisait point la solfatare, il la retrouvait morne, pâlie et languissamment couchée sur la mousse comme une fleur qui attend la pluie.

Un jour pourtant, il eut le courage de lui dire que s'il pouvait retrouver le chemin de la terre des hommes, il irait revoir cette terre pour revenir aussitôt. Leucippe fut étonnée. Elle savait l'existence des hommes et de la terre habitée par eux ; mais elle croyait encore son frère *né du rocher*, comme disait la dive dans ses obscurs symboles.

— Que veux-tu donc voir de plus beau sur

l'autre terre, lui dit-elle, que ce que nous avons sur la nôtre? Et comment vivras-tu un seul jour chez les hommes, puisque c'est ici que tu aimes? Et tu vois comme la terre frissonne quelquefois, comme elle renverse ses rochers et perd ses rivages! Si tu t'en vas et que tu ne trouves plus de chemin pour revenir!...

Leucippe, dont les idées étaient spontanées et d'autant plus vives qu'elle n'était sujette à aucune prévision, ne put exprimer celle qui s'offrait à elle. Elle pâlit et tomba dans les bras d'Evenor. Stupéfait de ce qu'il prit pour un sommeil subit, il voulut en vain l'éveiller. Puis il lui sembla qu'elle était morte. Ses cris appelèrent la dive, qui la ranima par ses soins ; mais Evenor ne reparla plus de revoir sa terre natale et résolut d'oublier sa mère.

Il n'osa même plus aller dans l'Éden. Leucippe l'avait suivi quelquefois jusqu'à l'entrée de ce sanctuaire dont la vue la jetait dans de grands transports de joie. Mais, quoique son frère eût arraché le buisson d'aloès et rendu le chemin facile dans la fente du rocher, elle ne pouvait descendre, et elle eût pu encore moins remonter l'escarpement qui terminait ce passage du côté de l'Éden. Il n'était pas sans danger pour Evenor, et la peine qu'il avait à l'escalader pour revenir vers elle ramenait la pâleur sur les lèvres de Leucippe et la fixité de la mort dans ses yeux éteints.

Les deux adolescents étaient entrés dans la jeunesse. La dive, qui, durant les premières années, les avait laissés souvent seuls ensemble, ne les quittait plus depuis le jour où elle avait vu Evenor parler bas à Leucippe, pour lui dire son amour. Il le lui avait dit cependant avec la même candeur que le jour où il avait prononcé ce mot pour la première fois, et bien qu'elle se fût refusée à apprendre la langue des hommes, qu'ils parlaient entre eux, la dive, à force de les entendre, en savait assez pour qu'ils n'eussent point de secrets pour elle. Mais un instinct mystérieux commençait à agir chez l'adolescent à son insu.

Il avait besoin de dire plus souvent à Leucippe : « J'aime ! » et en le lui disant bas, il s'imaginait le mieux dire. Leucippe, plus enfant que lui, le disait tout haut, et Téléïa veillait à ce que le trouble qui commençait à s'emparer d'Evenor ne se communiquât point à sa compagne avant qu'elle pût le ressentir complet et divin.

Un jour, elle vit Leucippe rougir et détourner ses regards des siens, en écoutant ce mot qui l'avait toujours fait franchement rayonner et sourire. Elle jugea qu'il était temps d'instruire ses enfants dans la religion de l'hyménée, et, s'as-

seyant entre eux au bord de la mer harmonieuse
et tranquille, elle prit leurs mains dans les
siennes et leur parla ainsi :

V

LES DIVES.

— Le moment est venu, ô Leucippe, où tu dois savoir que je ne suis pas la mère qui t'a portée dans ses flancs, et cependant, ne t'afflige pas, enfant de mon âme : tu es la fille que Dieu m'a donnée pour me réconcilier avec la loi de la mort, comme Evenor est le frère et l'époux que Dieu te donne pour connaître et chérir la loi de la vie.

« L'heure est venue, enfants des hommes, où vous devez aussi me connaître et savoir tout ce que je puis vous enseigner du monde auquel vous appartenez ainsi que moi. Evenor, l'aïeul dont tu m'as si souvent raconté les naïfs entretiens touchant l'origine des choses humaines ne savait rien des choses de Dieu. Il eut cependant raison de te dire que, de toutes parts, l'eau entoure la terre des hommes, car les plus grandes terres de ce monde ne sont que de vastes îles.

« Eh bien, il n'en a pas été ainsi de tout temps. Jadis, ce monde fut une mer de flammes, et cette froide mer que tu vois tomba du ciel pour l'éteindre. Je t'ai raconté comment, sur les rochers qui s'en dégagèrent peu à peu, les limons, les cendres, les poussières, les ruines, devinrent les champs féconds où germa la semence de la vie.

« Je t'ai dit les grandes convulsions du feu primitif refoulé sous les pierres et les métaux sortis de son sein ; luttes mémorables que virent les anges et qui furent racontées aux dives.

« Je t'ai montré ici, dans cet espace resserré que nous habitons, les traces du feu créateur et destructeur tour à tour, et, t'expliquant ces formes étranges de la montagne qui confondaient ton esprit et que tu aurais volontiers prises pour le travail de mes ancêtres, je t'ai fait suivre de l'œil les effets d'une cause naturelle. Tu as lu avec moi dans le livre de la création, et je t'ai enseigné, en même temps, à interpréter, à inventer et à tracer ces caractères que nos faibles mains peuvent laisser sur le roc et sur le métal, pour éterniser parmi les races futures le souvenir de notre existence, lié à celui des événements de la nature, dont elle a été le témoin.

« Tu peux donc, en regardant non-seulement ces caractères, mais ceux plus grands, plus durables et plus expressifs dont la terre est sillonnée sous tes pieds, te faire une idée de l'ensemble de ce monde, peut-être si petit dans l'univers, mais, à coup sûr, immense en comparaison du point que peuvent embrasser tes regards.

« Ce que je ne vous ai pas encore raconté, ô mes enfants, c'est l'histoire de la vie, passant du morne repos ou de la furieuse insensibilité de la matière au sein du chaos, à l'activité sereine ou à la sensibilité docile de l'esprit dans la création accomplie. Vous savez les lois qui régissent la vie dans notre monde actuel autant que je les sais moi-même ; mais vous ne les savez pas quant au monde qui n'est plus. Sachez donc aussi le passé comme je le sais moi-même.

« Ma race ne croyait point être la première qui eût possédé le séjour terrestre ; mais il ne m'appartient pas de vous parler de mystères que j'ignore. Vous devez apprendre seulement l'histoire de la grande famille céleste à laquelle j'appartiens, et dont l'énergie s'est épuisée avec celle du milieu qui l'avait engendrée. Pendant longtemps, les hommes nés d'hier garderont le pâle souvenir de

cette race antérieure, dont le nom se perdra
bientôt dans la confusion des origines, et dont on
cherchera vainement la trace effacée de la surface
de la terre. Un nom prévaudra peut-être géné-
ralement dans la diversité des langues, pour exprimer plus ou moins bien que nous fûmes les
premiers maîtres de cette terre, où le seul pouvoir durable devrait s'appeler vicissitude.

« Je vous ai dit que ce monde-ci n'avait pas
toujours été éclairé et réchauffé par le feu des
astres supérieurs. Quand il était de beaucoup de
siècles plus jeune, il tirait de lui-même sa chaleur et sa lumière. Ce ne fut pas en un jour que
les amas de nuées produites par le feu primitif
s'épanchèrent en eaux ruisselantes. Ce ne fut pas
non plus en un jour qu'elles se retirèrent d'une
partie de sa surface. Nul de nous ne vit ce déluge
dont les déluges subséquents et partiels n'ont pu
nous donner qu'une faible idée. Ceux que vous
verrez peut-être n'en approcheront point, ou bien
la race humaine y disparaîtra tout entière.

« Il y eut donc ici-bas un âge, c'est-à-dire une
incommensurable phase de temps, pendant lequel
la terre jouissait d'un équilibre relatif qui n'est
pas le vôtre, mais celui où d'autres êtres pouvaient et devaient être appelés à la vie. Ils le
furent, et ils obéirent à ses lois, tant que leurs
conditions d'existence furent maintenues. Les au-

tres créations que vous voyez briller dans l'éther ont dû précéder l'existence de celle-ci. Du moins, c'était la croyance de nos derniers sages, que les astres sont des mondes et que l'amour universel ne pouvant rester oisif, c'est-à-dire exister sans être uni à la substance, l'ensemble des mondes ne pouvait pas avoir eu de commencement. Mais, que le soleil fût créé ou non quand nous fûmes appelés sur la terre, qu'il fût un globe ardent ou un monde semblable à celui-ci, nos premiers pères, enveloppés dans des nuages d'où l'atmosphère translucide ne s'était pas encore dégagée, ne connurent point cet astre ni les autres, et ne marchèrent qu'à la clarté phosphorescente qui rayonnait de la surface même de la terre.

« Longtemps donc avant que ce cruel et splendide soleil vînt à percer les vapeurs qui nous enveloppaient et qui continuaient à s'exhaler du sol humide et suant, nous naquîmes sous le dôme impénétrable d'une forêt de palmiers, de chênes et de pins de différentes espèces, dont ceux que vous trouvez si grands dans votre Éden ne sont que l'image affaiblie. De même que les animaux que nous connaissons aujourd'hui sont moindres que ceux dont ma race se vit jadis entourée, votre taille n'atteint point la stature de mes ancêtres. La durée de votre vie est moindre aussi, et deviendra moindre encore, de même que la mienne est

limitée à un temps plus court que ne le fut celle
des dives qui ont vécu longtemps avant moi. La
terre était plus grande jadis, parce qu'elle était
plus dilatée. Les plantes et les êtres qu'elle produisait étaient proportionnés à la force d'expan-
sion de sa vie. Tout se modifia et se réduisit, le
monde et ses productions, durant les myriades
d'années que nous avons dû y passer ; car nous
avons toujours ignoré l'heure de notre apparition
ici-bas, comme vous ignorerez probablement
vous-mêmes l'heure de la vôtre, dans la suite des
âges, comme vous l'ignorez peut-être déjà, depuis
si peu de jours que vous vous sentez vivre.

« Notre origine nous fut donc toujours voilée ;
mais un solennel pressentiment nous fit envisager
notre fin prochaine, alors que nous sentîmes la
terre se refroidir brusquement sous nos pieds.
Jusque-là, bien que sa chaleur intérieure dimi-
nuât sensiblement, nous existions sans trop d'efforts. Les sources qui jaillissaient de toutes parts
étaient encore brûlantes et répandaient une douce
vapeur qui, mêlée aux exhalaisons des solfatares
et des lacs marécageux, contenait le rayonnement et la diffusion de la chaleur terrestre dans
l'espace. Nos épaisses forêts nous dérobaient la
vue des froides étoiles, et bien que le soleil com-
mençât à répandre sur nos brumes éclaircies
l'éclat d'un voile d'or verdâtre, nous ne comptions

pas sur lui pour suffire à notre existence. Il était
pour nous une pure magnificence de la création.
Nos fruits tièdes et aqueux, nos arbres gigantesques, nos pâles et larges fleurs prospéraient sur
le sol humide, où notre race blanche et douce, à
l'allure imposante, n'avait rien à craindre des
animaux paresseux et tranquilles.

« Je vous raconte là, ô mes enfants, les âges que
l'on m'a racontés ; car je n'ai pas vécu de longs
jours, et dans le temps où je suis née, l'âge des
dives ne se prolongeait déjà plus guère au delà
de deux siècles. Il n'y a que la moitié d'un siècle
que j'existe, et les choses que j'ai vues sont, à
peu de chose près, celles que vous voyez en ce
moment même. C'est ainsi que notre existence se
soude à la vôtre, non par les liens du sang, vous
êtes une création nouvelle, mais par la similitude
des conditions vitales où notre race finit, tandis
que la vôtre commence.

« L'histoire ancienne des dives embrasse une
période qui ne se racontait parmi nous qu'à l'aide
de la tradition. Nous n'avions pas toujours eu
besoin d'écrits et de monuments pour nous transmettre les récits des âges écoulés. D'après ce que
j'ai appris des hommes et ce que j'étudie en vous-
mêmes, nous n'étions point semblables à vous par
l'activité et la curiosité. Nous nous ressemblions
tous comme les flots de la mer se ressemblent ;

nos instincts ne différaient que faiblement ; nos besoins étaient bornés, et la rêverie dominait notre esprit sans cesse plongé dans une molle quiétude, ou dans la contemplation d'un monde intérieur.

« Dans notre état normal, nous ne songeâmes point aux arts de l'industrie. Les chants et les symboles étaient notre histoire. Nous n'étions point avides de découvertes. Les terres étaient plus qu'aujourd'hui séparées les unes des autres par des mers immenses, et celles que nous occupions se ressemblaient, grâce à une température partout égale. Leur aspect ne frappait point l'imagination, les brouillards éternels ne découpant aucune forme lointaine, aucun horizon déterminé. Nos pensées étaient donc plus profondes que variées, et le ciel que nous pressentions sans le voir nous intéressait plus que les inextricables réseaux de verdure où nos corps étaient comme emprisonnés. Nous cherchions notre certitude dans nos pensées plus que dans nos regards, et notre enthousiasme se portait vers les choses de l'esprit, nullement vers celles de la pratique. Nous ne songions point à nous élever des demeures. Tout nous était abri sous nos grands chênes, même le pavillon de brouillards magnifiquement diaprés qui pesait sur leurs cimes. La nuit ne nous apportait point de ténèbres et l'hiver point de frimas. La religieuse uniformité de nos voûtes de feuillages et la majesté de nos arbres séculaires faisaient de la nature entière un temple mystérieux où nous vivions recueillis, de l'enfance à la vieillesse.

« Comment la Divinité s'était révélée à nos pères, je l'ignore. Nous ne la discutions jamais, et nos délices étaient de l'invoquer dans des chants dont la douceur se répandait en ondulations sonores dans le silence des forêts.

« Nous avions des lois naturelles qui étaient gravées dès l'enfance dans le cœur de chacun de nous. L'amour en était la base. Aimer Dieu, nos semblables et notre famille, c'était là le triple but de la vie, et rien ne venait nous en distraire. Nous étions anges, et certains de nous réunir à Dieu, quelque transformation qu'il lui plût de nous imposer, nous regardions la mort comme un bienfait. Il n'y avait point de larmes amères autour de nos bûchers, et nous nous aidions les uns les autres à envisager le sort des êtres chéris qui nous quittaient comme préférable au nôtre.

« Mais une grande catastrophe vint, plusieurs centaines de siècles avant ma naissance, changer brusquement la destinée des dives. Des horribles profondeurs qui s'étaient ouvertes sur plusieurs points, sortes de gerçures produites par le dessé-

chement de la croûte terrestre, montèrent de nouvelles chaînes de montagnes qui , après avoir
comblé ces abîmes , portèrent , jusqu'au sein des
nuées qu'elles refoulaient, leurs dômes arrondis ,
aujourd'hui cristallisés en dents aiguës couvertes
de neige. C'est alors que l'aspect de la terre
changea , et que la surface entière des contrées
que nous habitions nous devint inhospitalière.
Une grande partie des dives avait disparu dans
ces cataclysmes, et nos belles forêts étaient déjà
enfouies sous les bancs pressés d'une boue noire,
où elles s'étaient comme pétrifiées.

« Nous quittâmes ces lieux dévastés, pour occuper les plages nouvelles que la mer, déplacée par
ces formidables oscillations du sol , nous abandonnait. Là nous attendaient l'éclat du jour, l'â-
preté des roches, la froide sécheresse du sable ,
et les bises qui refoulent la respiration , et les
brumes glacées qui paralysent le sang, et l'im-
puissant rayonnement des astres qui ne suffisait
plus aux besoins de notre organisation. Formés
sous d'autres influences, nous ne pouvions pas
tous nous modifier assez vite pour appartenir à ces
climats nouveaux. Les hommes *nés du chêne* devaient disparaître et ils disparurent, lentement
d'abord, et puis dans une proportion de plus en
plus rapide. Nos grands palmiers étaient devenus
stériles, nos mères devinrent stériles aussi : ceux

de nous qui naissaient n'avaient plus assez de force pour grandir, et ceux qui avaient déjà grandi ne pouvaient plus vieillir. Les animaux qui ne se reproduisent que sous l'action d'une forte chaleur avaient fui vers des régions plus propices, où notre accablement ne nous permettait pas de les suivre. Si quelques-uns d'entre nous l'ont tenté et s'ils ont pu y réussir, c'est ce que nous n'avons point su. Notre volonté était morte. Disséminés dans les contrées où le sort nous rejetait, nous nous séparâmes les uns des autres sans adieux, parce que nous étions sans espoir de nous rencontrer ici-bas. Engourdies et résignées, chaque jour d'hiver, des familles s'étendaient sur la neige pour ne plus se relever. —

« Une seule peuplade, du moins cette peuplade croyait être la seule, s'éloigna de la terre natale et vint se réfugier dans le voisinage des volcans qui bordaient ce rivage. Ces montagnes qui vomissaient le feu étaient plus terribles que les frimas, et c'est ce qui nous les fit préférer. De leurs flancs entr'ouverts s'échappaient ces chaudes exhalaisons qui nous faisaient sentir encore la vie, et sur leurs étangs de bitume planaient ces lueurs pâles qui jadis rayonnaient sur toute la terre. Ces vapeurs étaient pourtant devenues délétères ; il semblait que les entrailles du monde se fussent corrompues ; mais, insouciant du danger, supé-

rieur à la crainte de mourir, le dive s'asseyait sur
les bords fragiles des cratères, et, dédaigneux des
avertissements de la nature, il écoutait ces grandes
voix qui rugissent au sein des abîmes, et qui
chantaient pour lui les redoutables mystères de la
vie et les sombres délices de la mort.

« Mourir ainsi dans la plénitude de la vie et dans
la possession entière de son âme lui semblait plus
noble et plus doux que de s'atténuer, spectre er-
rant et plaintif, sur le désert du froid ; mais ces
volcans eux-mêmes se refroidirent, et ceux de
nous qui n'avaient pas été surpris et dévorés par
leurs éruptions virent se rétrécir chaque jour
l'espace favorable à l'épanouissement de leur vie.

« Le dernier foyer qui s'éteignit est celui où nous
voici enfermés par un dernier écroulement du roc.
C'est là que mon père et ma mère, mes frères,
mes sœurs et celui qui fut mon époux me virent
naître. Ce sont eux qui achevèrent de creuser dans
la roche déjà creuse la grotte que nous habitons.
Je t'ai appris, mon fils, l'usage de ce métal qu'autrefois nous savions extraire et façonner, et au
moyen duquel mes pères purent dompter la nature
lorsqu'elle commença à leur devenir rebelle. Mais
ils ne poussèrent pas loin leurs industries. La
dispersion de leur race leur rendit précieux ces
instruments qu'ils s'étaient donnés, en même
temps que la convention des caractères tracés avec

ce fer sur les rochers. C'était le seul moyen de se
retrouver, ou tout au moins de faire connaître son
sort à ceux dont on se séparait pour les migrations
lointaines. On s'était avisé aussi de façonner des
vases, des vêtements, et même des armes pour se
défendre des animaux furieux que la faim chas-
sait de leurs pâturages envahis par le froid. Les
hommes auront peut-être besoin un jour de re-
courir à ces inventions, si la terre cesse de leur
être clémente. C'est pourquoi je te les ai transmis.
Peut-être les dédaigneront-ils : peut-être aussi,
habiles et actifs comme ils me paraissent être,
porteront-ils plus loin que nous leurs découvertes.
Les nôtres, sans cesse interrompues par de fu-
nestes événements, cessèrent tout à fait quand la
race expirante cessa de pouvoir vivre en sociétés
sur la terre.

« Comme la plupart des dives de ces derniers
temps, je naquis à demi aveugle. L'éclat du soleil
était trop vif pour nos yeux, et, comme certains
animaux, nous ne distinguions les objets que dans
le crépuscule. Cependant nous nous efforcions
d'acquérir et nous acquérions en effet la faculté
de supporter la lumière vive, comme celle de respirer l'atmosphère nouvelle et de subir toutes les
autres conditions de la nature modifiée en vue de
l'existence des êtres nouveaux. La nôtre ne s'y
pliait que pour se briser, et chacune de nos con-

quêtes nous était fatale, chacune de nos modifications nous coûtait une notable portion de notre
vie.

« On s'était facilement habitué à l'idée de vivre
peu ici-bas. La croyance s'était élevée jusqu'à
l'espérance de revivre dans les astres, dont la notion longtemps incertaine était enfin devenue évi-
dente. Mes parents se souvenaient du temps où
leurs aïeux racontaient les transports de surprise
et de joie qui s'emparèrent des dives, lorsque les
brumes terrestres, se séparant sous l'action des
vents impétueux, leur permirent d'entrevoir un
coin de l'azur céleste et les premières constella-
tions. Depuis longtemps nos sages annonçaient
l'apparition de cette merveille ; on l'attendait avec
impatience ; on bénissait les orages qui balayaient
le firmament, et pourtant ces vents terribles apportaient la mort ! Mais qu'importait la mort à
ceux qui voyaient étinceler dans l'éther les demeures splendides de leur immense domaine !

« Quand j'eus atteint l'âge qu'a aujourd'hui
Leucippe, ma vue s'était fortifiée ; et moi aussi, je
voyais les astres et toutes les beautés de la terre,
enflammées des brillantes couleurs dont le soleil
sait les revêtir. Élevée dans les plus pures notions
de l'immortalité, je voyais ma famille s'éteindre
rapidement, en même temps que celle des hommes
commençait à naître. En suivant cette grève au-

jourd'hui couverte par les flots, nous pouvions approcher des prairies où, dans un air encore plus frais que celui-ci, quelques-uns de ces êtres délicats et vifs paraissaient s'essayer à la vie. Nous remarquions qu'ils avaient déjà le don de la parole ; et d'ailleurs leur ressemblance avec nous était si frappante, que nous étions tentés de les croire issus d'une portion émigrée et modifiée de notre race. Mais, à la frayeur que nous leur inspirions et à leur absence de culte, nous crûmes devoir penser qu'ils constituaient un type nouveau de la *Divité*. Nos sages avaient prédit que ce type apparaîtrait ici-bas pour nous remplacer, et qu'après avoir fait son temps, il serait remplacé à son tour par un type modifié en raison d'une nouvelle période de la création terrestre.

« Comme ils redoutaient notre approche et abandonnaient leurs établissements naissants pour fuir vers des régions moins propices, nous nous fîmes un devoir de nous renfermer dans celles que nous avions choisies, et, séparés de nous par ces monts, qu'ils ne savaient pas plus que nous gravir, repoussés par les flots, qu'ils craignaient presque autant que notre présence, ils purent reprendre possession des contrées qui nous avoisinent.

« Je ne puis me rappeler sans émotion les jours de mon enfance et les efforts de mes parents pour m'initier à toutes les connaissances si chèrement achetées par nos pères. Ah! sans doute, c'était une grande race que la nôtre, et les jours de sa décadence physique furent glorieux pour son existence morale et intellectuelle. Il y avait quelque chose de sublime dans ce tranquille abandon de la vie, pressenti, accepté d'avance, et accompli avec le calme solennel d'une fonction religieuse. Hélas! après avoir bu la science et la foi dans cette coupe céleste, devais-je donc connaître les regrets du cœur et les défaillances de l'âme?

« Il en fut ainsi pourtant; je devais déchoir du rang auquel l'initiation m'avait élevée. Prêtresse du désert, je devais perdre la foi, tomber dans le désespoir et connaître le mal, jusque-là inconnu dans les âmes émanées de Dieu. »

FIN DU PREMIER VOLUME.

TABLE.

FIN DE LA TABLE.

www.ingramcontent.com/pod-product-compliance
Lightning Source LLC
Chambersburg PA
CBHW052058090426

42739CB00010B/2229